사라진 도시 서라벌

일러두기

1. 책 제목은 《 》, 논문과 보고서는 〈 〉로 표시했으며, 유물과 유적 명칭에는 따로 기호를 붙이지 않았습니다. 문장 안에서 강조나 구별을 할 경우에는 ' '로 묶었고, 문헌의 직접 인용은 " "로 묶었습니다.
2. 단위는 제곱미터, 기가바이트, 메가헤르츠 등 우리말 표기를 기본으로 하였습니다.
3. 중국의 인명과 지명은 우리의 한자음대로, 일본의 인명과 지명은 일본어 발음대로 표기했습니다.

◎ 이 책은 방일영 문화재단의 지원을 받아 저술·출판되었습니다.

사라진 도시 서라벌

경주 속 신라 이야기

김성용 지음

눌와

경주 지역 주요 유적 위치도

책을 펴내며

천년 고도 서라벌을 찾아서

도시가 사라졌다. 무수한 사람들의 삶과 이야기 그리고 역사가 고스란히 남아 있던 도시였다. 영원히 사라지지 않을 것처럼 아주 오랫동안 막강한 힘을 가진 도시였다. 천 년 수도를 자랑하던 곳이었다. 천 년 세월의 무게 탓일까. 왕궁은 흔적도 없이 사라졌고 세계 최대 규모를 자랑했을 사찰은 초석만 남겼다. 이뿐만이 아니다. 도시 곳곳을 휘돌아 땅을 풍요롭게 했을 물마저 거의 말라 바닥을 드러낸 넓은 하천이 도시의 황량함을 더한다.

신라의 천 년 왕도 서라벌은 이렇게 사라졌다. 도심 곳곳에 산재한 이름 모를 수많은 고분만이 전설처럼 지난 세월을 말하고 있다. 그러나 그 이야기에 귀를 기울이는 사람은 몇이나 될까. 토함산 자락에 자리한 불국사, 동해안을 굽어보는 석굴암……신라가 남긴 값진 유적은 현재의 경주를 바라보며 서라벌을 회상하고 있지 않을까. 도시는 사라져도 역사는 남는다고 하지 않았던가. 하지만 역사를 기록하고 그 기록을 해석하는 일은 전적으로 승자와 살아남은 자들의 몫이었기에 찬란했던 서라벌 역사는 첨예한 논쟁거리가 되었다.

서라벌이 역사에서 사라지고 또 다른 천 년이 흘렀다. 흔히 주목朱木을 일컬어 생천사천生千死千, 살아 천 년 죽어 천 년이라고 말한다. 서라벌은 2천 년을 사는 주목처럼 경주 곳곳에 남아 아스라이 먼 역사를 우리에게 이야기한다. 이제 그 주목들을 찾아 서라벌의 이야기에 귀를 기울여보려고 한다. 경주는 천 년의 시간을 담고 있는 국사 교과서 같은 곳이지만 서라벌이 남긴 유물과 흔적만으로 천 년 세월, 천 년 왕도의 의미와 무게를 제대로 느끼기는 어렵다.

신라는 기원전 57년 서라벌을 도읍지로 정한 이후 935년 왕조가 패망할 때까지 무려 992년 동안 한 번도 수도를 옮기지 않았다. 그곳이 바로 서라벌이다. 21세기 새 천 년의 시작과 함께 '사라진 도시 서라벌'을 통해 지나간 천 년의 의미를 되새기고 싶다는 생각은 항상 내 뇌리를 떠나지 않고 맴돌았다. 속도의 시대에 현재도 아닌 지나간 시간을 되돌아보는 것은 분명 쉬운 일이 아니다. 그러나 현기증 나는 변화 속에서 지나간 역사를 돌이켜 보는 것은 미래의 분명한 좌표를 찾기 위해 의미가 있는 일임에 틀림없다.

지방 방송사 기자로 서울과 지방, 수도와 지방의 차이를 절감하며 살아온 나에게 경주는 항상 의문의 대상이었다. 정도定都 610여 년의 서울과 천 년 수도 경주를 비교하면 쉽게 이해할 수 없는 것이 한두 가지가 아니었다. 수도의 상징인 왕궁은 왜 흔적도 없는지, 도심 곳곳에 있는 고분은 과연 누구의 무덤인지, 한 나라의 중심이었던 도시에 어떻게 이처럼 물이 메마를 수 있는지 끊임없이 의문이 이어졌다. 이러한 호기심을 가지기 시작한 것은 20여 년 전 기자생활을 처음 시작했을 때부터다. 경주는 취재 경쟁 속에서 휴식을 위해, 가족과의 나들이를 위해 자주 찾은 곳이었다. 기자라는 직업적 속성 탓인지는 모르겠지만 경주에 갈 때마다 사라진 서라벌에 대한 의문이 들었고 언젠가 바쁜 취재활동이 끝나면 꼭 그 의문의 답을 찾아보리라 다짐했다. 경주는 개인적인 숙원이요 과제였다.

사라진 도시 서라벌을 찾아다니면서 나는 경주가 살아 있는 고도라는 사실을 깨달았다. 그 전까지 경주는 박물관에 박제된 역사도시인 줄로만 알았고 또 그렇게 보였다. 그러나 눈에 보이는 유물과 유적이 전부가 아니었다. 사라진 도시 서라벌을 찾아다닌 지난 2년 동안 나는 매우 흥미로운 역사 기행을 했다. 지하 곳곳에 엄청난 유물과 유적이 잠들어 있다는 것과 우리 고고학자들이 새로운 작업을 진행하고 있다는 사실을 알게 되었다. 매우 흥분되는 일이었다.

2년이라는 짧지 않은 여정이었으나 여전히 서라벌에 대해 풀지 못한 의문이 남아 있다. 지리적으로 한반도 동남쪽에 치우친 경주는 어떻게 천 년 동안 수도 서라벌로 유지될 수 있었을까. 삼국통일 이후 서라벌은 지정학적으로 볼 때 많은 약점을 가지고 있다. 천 년이라는 긴 세월 동안 서라벌을 수도로 고집한 이유와 배경은 무엇일까. 서라벌의 왕족과 귀족은 자신들을 키운 땅을 버리고 떠날 수 없었던 것일까.

이제 경주를 다시 보아야 한다. 깊은 땅속에 천 년 동안 잠들어 있던 유물들은 기지개를 켜고 일어나 역사의 수많은 이야기를 하려 한다. 지금 서라벌은 경주를 통해 전혀 새로운 모습으로 우리에게 다가오고 있다.

방송기자로 첫 책을 출간하며 감사할 사람이 많다. 우선 일찍이 세상을 떠나신 어머니께 이 책을 바치고 싶다. 다음으로 언론인 저술지원 대상으로 선정하여 책 출판을 망설이던 내게 큰 힘을 보태준 방일영 문화재단에 감사드린다. 또한 졸고에 깊은 관심을 가지고 원고를 더욱 빛나게 만든 눌와 편집

부가 아니었다면 이 책은 세상에 나오기 힘들었을 것이다. 이 책을 위해 세 차례나 경주에 동행하며 좋은 사진으로 출간에 큰 도움을 준 김홍희 사진작가께도 진심으로 감사드린다. 마지막으로 경주를 방문할 때마다 조언을 아끼지 않고 자료를 협조해주신 경주시청 문화재 관계자 분들과 국립경주문화재연구소, 신라문화원에 감사드리며 누구보다 경주를 사랑하시다 불의의 교통사고로 고인이 되신 경주대학교 고 이근직 교수님의 영전에 이 책을 바친다.

2011년 10월 20일

김 성 용

차례

경주 지역 주요 유적 위치도   4

책을 펴내며 | 천년 고도 서라벌을 찾아서   6

왕궁이 없는 천년 고도

사라진 왕궁, 잊힌 왕성   14

세계도시 서라벌   16

천 년 궁성 월성   23

서라벌 왕궁을 찾아서   38

월성, 천 년 잠에서 깨어날까

천 년 잠에서 깨어난 동궁   48

땅 위에 그린 보물지도   58

월성 발굴 100년의 꿈   73

잠자는 왕궁을 깨워라   78

경주 고분 155기

삶과 죽음이 공존한 도시   88

경주 고분 155기의 과거와 현재   94

고분, 과연 누구의 무덤인가   102

발굴과 도굴의 기록   109

고분 발굴의 현주소   121

물의 도시 서라벌

고대 도시와 물   126

물의 도시 서라벌   132

수해를 막는 사찰과 숲   140

물의 도시 복원   146

서라벌의 복원

천년 고도 경주 다시 보기	154
서라벌을 찾아서	157
최초의 경주관광종합개발사업	167
인류의 유산, 경주	173
2030년, 다시 살아난 서라벌	179

통일신라에 대한 엇갈린 평가

신라를 보는 두 가지 시각	184
통일신라는 없다	186
남북국시대의 개막	193
서라벌은 서라벌이다	202

천 년 왕조의 멸망

신라인의 천명론	206
당과 발해 그리고 신라의 멸망	210
계속되는 자연재해	213
왕경의 추락과 신라 멸망	217

21세기 서라벌, 경주의 미래

경주, 문화의 길을 묻다	224
천 년 수도 교토와 시안 그리고 로마	231
세계유산 경주	241
21세기 서라벌을 꿈꾸다	246

참고 도서 목록	248
사진 및 유물 출처	250

©김홍희

왕궁이 없는 천년 고도

사라진 왕궁, 잊힌 왕성

    천년 고도 경주에는 왕궁이 없다. 천 년이라는 기나긴 세월 동안 한 나라의 통치 권력과 경제의 중심지였던 경주에 왕궁은커녕 그 흔적조차 제대로 남아 있지 않다는 것은 정말 신기한 일이다. 과연 경주는 신라 천 년의 수도가 맞는 걸까.
    경주 하면 가장 먼저 떠오르는 불국사와 석굴암부터 산처럼 높은 고분이 즐비한 대릉원, 안압지와 석빙고, 주춧돌만 남아 있는 황룡사터 그리고 보문관광단지 주위의 푸르른 숲과 가을이면 깨끗하다 못해 투명한 단풍잎까지, 현대적 건물이 들어선 현재에도 천년 고도만이 줄 수 있는 역사와 문화의 향기가 경주 곳곳에 배어 있다. 이처럼 경주는 고대와 현대가 공존하는 도시이다. 각종 난개발로 고대 도시의 멋을 잃고 있지만 경주는 독특한 시간 여행을 할 수 있는 국내에 몇 안 되는 장소이다.
    오래전부터 경주에 대해 많은 의문이 있었다. 그 가운데 하나는 왜 경주에 왕궁이 없는가 하는 것이다. 천 년 신라 왕조의 수도인 경주에 어찌하여 왕궁의 흔적도 남아 있지 않은 걸까. 전 세계에서도 드문 천년 고도인 데다 한 왕조가 천 년을 이어온 고대 도시는 경주, 옛 서라벌이 유일하다. 56대에 걸친 왕들이 기거하고 통치한 역사의 중심이자 고대 문화의 중심 그리고 시대의 중심과도 같은 왕궁의 흔적이 없다는 현실을 어떻게 이해해야 할까. 왕궁과 관련하여 발굴된 것이 없고 유물도 제대로 남아 있지 않다면 기록에 근거하여 최소한 말뚝이라도 박아 사람들이 찾아보고 옛 모습을 상상하며 역사의 향기를 느끼도록 해야 하는 곳이 왕궁 유적이 아닐까.

　이처럼 경주의 사라진 왕궁, 잊힌 왕도王都(왕경, 왕도, 6부 등은 모두 국가의 최고 통치 기능을 발휘하는 지역을 가리키는 말로 이 책에서는 '수도'의 의미로 왕경과 왕성을 구분 없이 사용하였다.)는 답을 찾아보라는 듯 끊임없이 질문을 던졌다. 서라벌 왕궁에 대한 의문은 꼬리에 꼬리를 물었다. 왕궁이 사라진 것은 궁을 너무 자주 옮긴 탓일까, 궁이 너무 초라했기 때문일까, 아니면 경주 외곽의 외딴곳에 궁이 있었던 탓일까. 신라 왕궁의 기록은 어디까지 남아 있는 것일까. 신라의 패망과 함께 왕궁을 완전히 태워 없애버린 것일까. 왕궁이 있었다면 흔적이 남아 있을 텐데 왜 발굴을 하지 않는 것일까. 혹은 발굴을 하지 못하는 것일까. 우리 고고학자들의 서라벌 왕궁 연구는 어느 정도까지 진행된 것일까. 불교국가였던 신라의 황룡사는 왕궁보다 컸을까. 절터 규모가 약 8만 2천 제곱미터에 달하는 큰 절이었다는데 그보다 훨씬 크고 멋진 왕궁은 없었을까. 있었다면 어디로 사라진 걸까. 경주는 신라의 수도가 맞는가. 세계유산에 등재된 고도에 왕궁 흔적과 왕궁에 대한 기록이 없다니 서라벌 왕궁은 완전히 사라진 유물이며 잊힌 유적인가.

세계도시 서라벌

신라의 중심 서라벌은 삼국을 통일한 이후부터 오랫동안 한반도의 중심이었으며 세계의 주목을 받는 도시였다. 삼국을 통일하기 전 신라는 한반도 동남쪽의 조그만 나라에 지나지 않았으나 통일 이후에는 동아시아뿐 아니라 멀리 서역까지 활동 영역을 넓혀 국제적인 국가의 모습을 보여주었다. 서라벌은 중국의 둔황敦煌과 시안西安 그리고 일본의 교토京都를 축으로 하는 세계 문화 교류의 중심지 역할을 했다.

페르시아의 영향을 받은 유리와 황금 유물이 신라 고분에서 출토되고, 최근에는 페르시아인의 신라 이주에 관한 고대 이야기를 찾았다는 연구 결과가 발표되는 등 신라의 활발했던 국제 교류의 일면을 보여주는 사례가 잇따라 발견되고 있다. 당시 페르시아의 기록에는 신라가 침략 받지 않은 나라, 낙원처럼 살기 좋은 나라로 묘사되었다고 하니 신라의 국제화는 우리의 상상 이상이었을 것이 분명하다. 또 불교국가로서 인도 아유타국阿踰陀國과의 관계를 감안하면 적지 않은 사람들이 석가의 발자취를 따라 성지를 순례하며 왕래했으리라는 것도 쉽게 짐작할 수 있다. 현재 서라벌의 국제적 위상은 잘 알려지지 않았지만 8세기 서라벌은 동로마의 콘스탄티노플, 중국의 장안長安, 고대 메소포타미아의 바그다드와 더불어 번성하던 세계 4대 도시 가운데 하나였다.

서라벌의 인구와 크기는 어느 정도였을까. 서라벌 인구수를 두고 학계는 크게 90만 명 설說과 18만 명 설로 나뉜다. 어느 쪽이든 당시로서는 대단한 규모였다고 볼 수 있다. 조선시대 한양의 인구와 비교해보면 서라벌의 규모를 좀 더 확실히 알 수 있다. 한양의 인구는 1600년 전후로 10만 명을 겨우 유지하다가 조선시대 말에 이르러 20만 명을 넘어섰다. 서라벌 인구가 18만 명이었다 해도 한양 인구와 비슷한 수치이므로 당시로서는 서라벌이 꽤 커다란 도시였음을 알 수 있다.

서라벌 인구가 논쟁이 된 것은 다음 기록에서 기인한다.《삼국유사三國遺事》에는 신라 전성기, 경중京中(수도의 안쪽)에 17만 8936호, 1360방, 55리와 35개의 금입택金入宅(부유층의 대저택)이 있었다고 기술되어 있다. 한편 일부 역사학자는 일연一然이 17만 8936구口를 호戶로 잘못 기입했다고 주장한다. 당시 왕경王京의 남북 길이는 3075보步, 약 5.4킬로미터에 동서 길이는 3018보로 약 5.3킬로미터였는데 그렇게 좁은 공간에 17만 호의 주거가 불가능하다는 이유에서다. 하지만 1의 자리까지 써놓은 기록이 오류일 수 있느냐는 반론도 만만치 않다. 일본 도다이지東大寺 쇼소인正倉院에서 발견된《신라민정문서新羅民政文書》를 보면 신라시대 인구조사의 철저함에 대한 의심이 사라진다. 문서에 한 촌락의 인구를 연령별로 정확하게 기록했고 심지어 가축의 숫자까지 상세히 기록해두었기 때문이다.

서라벌이 인구 집중에 의해 심각한 택지난을 겪었다는 사실은《삼국사기三國史記》에 기술된 신분별 주택 면적을 보면 짐작할 수 있다. 진골은 24척(1척=약 30.3센티미터, 24척=약 52제곱미터), 6두품은 21척, 5두품은 18척, 4

도심 한가운데 자리한 거대한 고분들.

두품 이하는 집이 15척을 넘지 못한다고 기록되어 있다.

경주에는 수도 방비를 위해 동남쪽 21킬로미터 떨어진 곳에 관문성이 있었는데 이 관문성이 경주의 동남쪽 경계이다. 도시 외곽 지역까지 사람이 살았다는 사실은 경주 경마장 부지 발굴 현장의 집단 집터에서도 확인할 수 있다. 그곳에서는 숯을 굽던 가마터가 20기나 발견되었는데 이는 인구 집중이 대단했음을 짐작할 수 있는 사료 중 하나이다. 이런 점들을 감안하면 《삼국유사》에 기록된 서라벌 인구 17만 8천 호, 90만 명도 충분히 가능하다.

일부 신라사 연구학자들은 '경중京中'에서의 경京은 왕도(왕궁이 있는 도시)를 가리키는 것이 아니라 왕경(수도를 다르게 부르는 말)을 가리키는 것으로 17만 호는 왕도와 6부에 있었다고 주장하기도 한다. 왕경이 어느 시점엔가 '왕도와 6부'로 개편되었다는 것이다. 이를 근거로 하면 《삼국유사》의 55리와 《삼국사기》의 35리라는 기록 차이를 쉽게 이해할 수 있고, 55리를 왕경 전체로 보면 17만 호의 주거는 가능한 일이다. 각종 사료를 분석해보면 신라 중대의 왕경은 당나라 장안성과 마찬가지로 동서남북 도로로 구획되어 있는, 마치 바둑판처럼 잘 계획된 질서정연한 도시 모습이었을 것이다.

일본 고고학자들은 신라가 삼국을 통일한 이후 인구가 약 250만 명에 달한 것으로 추정한다. 그들의 주장대로 250만 명을 통일신라 전체 인구로 본다면 서라벌 17만 호는 실로 엄청난 규모이다. 당시로서는 엄청난 수도 집중이 아닐 수 없다. 인구로 보더라도 1200여 년 전에 17만 호에 달하는 사람들이 그리 넓지도 않은 경주평야를 터전으로 하여 기와로 집을 짓고 숯으로 밥을 해 먹고 황금으로 치장하며 살았다는 이야기는 현재로서는 상상하기조차 어려운 일이다.

현재 시를 크게 확대한 경주시 인구가 26만 명(2010년 기준), 경주군을 포함하기 전인 1990년 경주시 전체 인구가 18만 명에 지나지 않았던 것을 감안하면 8세기를 전후한 당시 그 같은 인구는 실로 놀라운 규모가 아닐 수 없다. 한편으로 현재 서울을 비롯한 수도권에 우리나라 전체 인구의 절반이 넘는 2300만 명이 몰려 살고 있는 현실을 생각해보면 고금을 막론하고 도시의 인구 집중 문제가 극심했음을 볼 수 있다.

서역 이방인과 일본은 신라를 황금의 나라, 서라벌을 황금의 도시라고 했다. 신라에 대한 많은 사실을 왜곡한 《일본서기日本書紀》에서조차 신라를 황금이 넘치는 도시라 기술하며 부러워한 대목이 있다. 나뭇가지와 사슴뿔 모양의 금관을 비롯하여 세련된 귀걸이와 황금 목걸이, 금제 허리띠와 금동 신발 등 신라 고분에서 발굴된 수많은 순금 유물은 현대를 사는 우리에게 고대 도시 서라벌이 누렸던 황금기를 전설처럼 이야기한다.

신라가 삼국을 통일한 이후 황금기였던 8세기, 서라벌 왕족과 귀족을 비롯한 왕경인들은 서라벌이 세계에서 유일한 800년 전통의 단일 왕조 수도라는 자부심을 가지고 있었을 것이다. 서라벌의 중심은 단연 왕성과 왕궁이었다. 왕성을 쌓고 왕성 내부에 왕이 기거하는 왕궁을 만들었을 것이다. 왕궁은 신라가 삼국을 완전히 통일한 672년(문무왕 12) 이후 신라의 중심인 동시에 한반도의 중심이며 권력의 중심이었던 곳이다. 또한 신라가 패망할 때까지 800년 이상 그 지위를 이어간 유서 깊은 곳이다. 이처럼 서라벌 왕성과 왕궁은 세계적으로 유례가 없는 고고학적·역사적 가치를 지닌 곳이었다.

유네스코는 지난 2000년 왕궁의 흔적도 남아 있지 않은 월성을 비롯하여 대릉원과 황룡사 그리고 명활산성 등 경주역사유적지구 5곳을 세계유산에 등재했다. 유네스코가 이처럼 고대 도시를 지구별로 묶어서 세계유산에 등재한 것은 전례가 없는 일로 우리 문화유산의 가치를 특별히 인정했음을 뜻한다.

세계적인 고도를 가보면 어느 곳에나 궁궐이 남아 있다. 중국 베이징에는 자금성紫禁城이 있고 프랑스 파리에는 베르사유 궁이, 영국 런던에는 윈저 궁이 있다. 일본 교토에는 헤이안平安 궁이 있어 자신의 역사를 자랑하듯 보여준다. 조선시대 한양, 서울에는 경복궁을 비롯해 창덕궁과 창경궁, 경희궁, 덕수궁 등 다섯 궁궐이 저마다 우아한 자태로 역사를 이야기한다. 이처럼 세계적인 역사도시는 저마다 왕궁과 성을 잘 복원하고 유지하여 자신들의 문화유산을 자랑하지만 안타깝게도 현재 천년 고도 경주에는 왕궁과 왕성이 없다.

천 년 궁성 월성

서라벌 왕궁은 과연 어디에 있었을까. 왜 이처럼 흔적도 없이 사라진 것일까. 역사의 뒤편으로 완전히 사라졌다 하더라도 천년 고도의 왕궁이 남긴 의미를 제대로 느낄 수도, 상상할 수도 없다는 것은 분명 우리의 손실이자 비극이다. 천 년 왕조의 왕궁이 사라진 지 또다시 천 년. 우리는 천 년의 역사, 천 년의 기나긴 시간을 어디에서 느끼고 생각해야 할까.

월성은 현재 사적 제16호로 지정되어 있다. 국립경주박물관과 채 100미터가 되지 않는 곳에 나무가 우거진 동산이 있다. 길을 사이에 두고 안압지와 마주 보고 있는 월성이다. 신라의 '천 년 도읍'인 서라벌의 왕궁이 있었던 궁성 유적이다. 반월성이라고도 부르는 월성은 인위적으로 흙을 쌓은 것처럼 야트막한 언덕에 소나무를 비롯한 각종 나무와 풀이 무성한 동산이다. 조선시대 영조 때 만든 석빙고가 있어 관광객의 발길이 가끔씩 이어질 뿐 일부러 궁성 유적을 찾는 사람은 드물다. 월성에는 서라벌 왕궁이 있었다는 것을 증명하는 유물 대신 다음 내용이 적힌 안내판이 있다.

경주 월성(사적 제16호)
이곳은 신라시대 궁궐이 있던 곳이다. 지형이 초승달처럼 생겼다 하여 신월성 또는 월성이라 불렀으며 임금이 사는 성이라 하여 '재성在城'이라고도 하였다. 조선

하늘에서 내려다본 월성.
신라의 왕궁터로 모양이 반달 같다 하여 반월성이라고도 불린다.

시대부터 반월성이라 불려 오늘에 이른다. 남문, 북문, 인화문 등과 임해전으로 통하던 임해문이 있었으며 그 밖에 많은 부속 건물이 있었다.

성벽이 있었을 월성 끝자락에 올라가보면 눈에 확연히 들어오는 것이 있다. 바로 성인 머리보다 훨씬 큰 냇돌이 일정하게 줄지어 늘어서듯 흩어져 있는 것이다. 일부 학자의 주장대로 토성을 쌓고 위에 돌을 올려 석렬石列을 만드는 데 사용한 돌이거나 토성을 쌓아 올리면서 사용한 돌로 추정된다. 흙이 무너져 내리면서 돌들이 노출되어 훼손될 위험에 처해 있지만 보호장치 하나 없이 방치되어 안타까움을 더한다.

월성은 원래 안압지와 하나로 연결되어 있었으나 그 사이에 도로가 생기면서 나뉘었다. 남천을 사이에 두고 월성 남쪽 아래로는 넓은 주차장과 함께 국립경주박물관이 들어서 있어 왕궁과 왕성의 상상을 여지없이 방해한다. 국립경주박물관 부지는 지난 1974년 건설 당시 왕궁터로 추정되는 유물이 발굴돼 일부 역사학자들이 현재 안압지인 동궁東宮과 함께 남궁南宮이 있었다고 주장하는 왕궁 유적지 가운데 하나이다. 이 같은 사례는 서라벌 왕궁 유적에 대한 후대의 인식이 어떠했는지를 보여주는 단면이다.

지금 월성은 해자垓字 발굴과 월정교 복원, 박물관 쪽 남천의 대대적인 정비 사업 등 월성이 이제야 천 년 잠에서 깨어나고 있다는 생각이 들 정도로 분주한 모습이다. 월성은 총 부지 면적이 19만 3800제곱미터, 성 내부 면적은 11만 2500제곱미터에 달하는 비교적 큰 규모이다. 동서 길이 890미터, 남북 길이가 260미터인 동서로 긴 반달 모양이며 성벽의 바깥 둘레는

월성 북쪽 성벽에 흙이 무너져 내리면서 노출된 냇돌.

2340미터에 달한다.

101년 토성을 쌓아 만든 서라벌 왕성과 왕궁 부지 면적 19만 3800제곱미터와 동궁 1만 5658제곱미터를 합하면 월성은 약 21만 제곱미터에 달하는 큰 규모로 확대된다. 왕궁터 21만 제곱미터는 과연 어느 정도 넓이일까. 증축을 거듭한 경복궁의 최종 부지 면적이 34만 3800제곱미터인 것을 보면 천 년 이전에 지은 월성의 크기가 결코 작지 않은 규모임을 알 수 있다.

월성의 축조 시기와 사용 시기에 대한 논란이 전혀 없는 것은 아니지만 《삼국사기》에 따르면 파사왕 22년(101)에 토성을 쌓아 신라가 망할 때까지 왕궁으로 사용했다. 신라의 멸망까지라면 월성은 101년부터 935년까지 무려 834년 동안 왕궁으로 사용되었다. 56대에 걸친 신라 왕 가운데 거의 대부분이라고 할 수 있는 왕 50명이 가족과 함께 생활하며 통치하고 생을 마감했던 곳으로 한국 고대사적으로 대단한 의미를 지닌다.

왕궁 건설로 오랫동안 거처하지 못한 제5대 파사왕을 제외한 제6대 지마왕부터 제56대 경순왕까지의 신라 왕들이 영욕의 세월을 보낸 이야기가 전설처럼 잠들어 있는 곳이 월성이다. 진골 최초로 왕위에 등극해 신라 제29대 무열왕이 된 김춘추가 당나라와의 군사 연합작전으로 백제를 멸망시킨 뒤 삼한 통합이라는 원대한 목표를 눈앞에 두고 파란만장한 일생을 마친 곳도 월성이며, 그의 아들 문무왕이 고구려를 평정하고 당나라를 격퇴한 뒤 삼한 통합의 대업을 완성하고 천하를 호령하던 곳도 월성이다. 또한 우리나라 역사상 여성 최초로 왕위에 오른 제27대 선덕여왕이 수많은 역경을 딛고 일어서서 꿈을 펼친 곳도 월성이며, 미스터리로 남은 신라의 여인 미실이 진흥왕을 시작으로 진지왕과 진평왕에 이르기까지 무려 30년 동안 왕들에게 몸을 바치는 색공지신으로 권력의 중추에서 최고 권력자로 한 시대를 풍미했던 곳도 바로 월성이다. 이루 말할 수 없을 정도로 많은 역사적 기록들이 천년 고목의 무너져 내린 나이테처럼 남겨져 있다.

황룡사터를 시작으로 동궁과 첨성대, 대릉원 그리고 불국토를 지키듯 병풍처럼 솟아 있는 남산 등 신라의 주요 유적들은 하나같이 월성을 중심으로 왕성을 둘러싸듯 자리 잡고 있다. 월성은 당시 신라 중심 궁성터로서의 위용을 갖추기에 손색이 없었다.

역사적 사료 가운데에는 왕궁이 있던 월성을 왕성으로 부른 기록이 있다. 월성에 왕궁이 있고 왕이 거처하였으므로 이를 왕성이라고 부른 것이다.《삼국사기》지리지에 따르면 월성을 '재성在城'이라 부르기도 했으며 월성 해자에서 '재성'이라고 새겨진 기와가 여러 개 발견되기도 하였다. 또한《삼국사기》〈신라본기〉에 따르면 혁거세왕 21년(기원전 37) 서울에 성을 쌓고 금성이라고 불렀으며 26년 궁실을 지었고 이후 파사왕 22년(101) 봄 2월에 월성을 쌓고 7월에 왕이 거처를 금성에서 월성으로 옮겼다.《삼국사기》지리지에서는 금성의 동남쪽에 월성을 쌓았다고 한다. 하여 학자들은 월성의 서북쪽에 금성이 있었다고 추론한다. 결국 금성은 월성의 서북쪽, 북천의 남쪽이면서 형산강(서천)에서 그리 멀지 않은 지역인 지금의 경주 읍성 주위가 아닐까 추정하기도 한다.

월성은 101년 축조된 이후 여러 차례 보수를 하고 증축한 것으로 기록되어 있다. 우선《삼국사기》〈신라본기〉에 유례왕 7년(290) 여름 5월에

위 | 경주읍성. 성벽 앞에는 신라시대 것으로 추정되는 석재가 가지런히 놓여 있다.
아래 | 한동안 신라의 왕성이었던 명활산성.

1989년에 정비·복원된 안압지와 월성 동문터 사이의 해자.

홍수가 나서 월성이 크게 무너졌다고 전한다. 홍수가 지나간 뒤 월성을 보수했을 것이다. 자비왕이 476년 거처를 명활산성으로 옮겼다가 소지왕이 487년 7월에 월성을 수리하고, 다음 해 다시 왕이 거처를 월성으로 옮긴 것으로 보아 5세기 후반에도 한차례 대대적으로 보수했을 것을 짐작할 수 있다. 월성을 처음 쌓은 시기와 언제부터 월성이 왕성이었는가를 분명히 밝히려면 앞으로 성벽과 성 내부를 전면적으로 발굴조사해야 할 것이다.

월성 주위의 해자는 최초 설치 시기를 5세기 말엽으로 보고 있다. 앞서 언급했듯 487년(소지왕 9) 7월에 월성을 대대적으로 수리했다는 기록이 있기 때문이다. 해자는 외부의 침입을 막을 수 있는 저지선 역할과 함께 민가와 왕궁을 분명하게 구분하여 왕의 권위를 더욱 강화하기 위해 만든 것이라 추정한다. 그러나 최근 해자 발굴 결과, 우리 해자는 일본 성城의 해자와 비교하여 그렇게 깊지도 폭이 넓지도 않아 외세의 침입을 막는 목적보다는 조경과 권위의 상징이라는 해석이 나오고 있다. 또 일부 학자는 해자라기보다는 몇 개의 큰 연못을 연결하는 형태였다고 주장하기도 하여 정확한 내용은 앞으로 해자 발굴조사를 마무리해야 알 수 있다.

월성의 최고 전성기는 신라가 삼국을 통일한 이후였다. 679년(문무왕 19)에는 월성 동쪽에 큰 연못을 가진 동궁을 짓고 연못을 월지月池라고 불렀다. 동궁이란 명칭은 월성에 정궁正宮이 있다는 것을 전제로 한 것이었다. 《삼국사기》〈신라본기〉에 따르면 문무왕 19년 2월에는 궁궐을 중수하여 웅장하고 화려했다고 하니, 이때 궁궐을 대대적으로 정비하고 보수했을 것은 분명해보인다. 또한 그해 8월에는 동궁을 짓고 궁궐 안팎 여러 문의 명

삼국통일 직후인 674년에 조성된 신라의 대표적인 연못 안압지의 전경.

칭을 처음으로 정했다고 한다.

　월지는 674년(문무왕 14)에 조성한 이후 760년(경덕왕 19)에 보수하고 확장한 것으로 기록되어 있다. 당시에는 월지라 불렀으나 조선시대에 기러기와 오리가 많이 논다고 하여 안압지雁鴨池라고 바꿔 불렀다. 동서남북 길이가 약 190미터인 장방형이고 면적은 1만 5658제곱미터이다. 석축의 길이가 1285미터로 석축 동쪽과 북쪽에 절묘한 굴곡을 만들어 어느 곳에서 연못을 보더라도 못 전체가 한눈에 들어오지 않으며 연못이 한없이 길게 이어진 것처럼 보이도록 설계했다.

　월지의 기본 미학은 직선과 곡선의 환상적인 어울림이다. 가운데에는 크고 작은 섬 세 개가 있어 연못 주위를 산책하며 계곡과 호수와 누정樓庭(누각과 정자)의 멋을 모두 즐길 수 있다. 못의 깊이는 1.8미터 정도이며, 동남쪽 계곡의 물과 북천에서 끌어온 물이 거북이 모양의 두 수조에 고였다가 돌계단으로 흐른 다음 폭포로 떨어져 연못으로 들어가게 만들었다. 수조는 아래와 위에 약 20센티미터의 간격을 두었으며 위 수조에는 용머리 토수구를 설치하여 용의 입을 통해 물이 아래 수조로 떨어지게 하였다. 현재 용머리는 없어지고 용머리를 끼운 자리만 남아 있다. 약 1.2미터 높이의 폭포 밑에는 침식을 막기 위해 돌을 깔아놓았다. 연못 안으로 들어온 물은 연못 곳곳을 돌아 서북쪽에 나 있는 출수구로 흘러나갔다. 출수구에서는 나무로 된 마개로 물의 높이를 조절했다.

　안압지는 현재 남아 있는 유일한 신라시대 궁궐 건축이라 할 수 있다. 삼국통일 시기 영토를 넓히는 과정에서 왕실은 많은 부를 축적하여 호화

롭고 사치스러운 생활을 누리면서 크고 화려한 궁궐에 관심을 두었다. 조선시대에 창덕궁 후원이 있다면 신라시대에는 궁중 정원 월지가 있다.

월성 내부 발굴이 기대되는 이유는 동궁이었던 안압지 유물 발굴 후 밝힌 안압지의 고고학적인 의미와 발굴 결과로 인해 받은 충격 때문이기도 하다. 1975년부터 연못의 서쪽과 남쪽의 건물터 등을 조사한 결과 건물터 26곳, 담장터 8곳, 배수로 시설 2곳, 물이 들어오는 입수구 1곳 등이 밝혀졌다. 1980년에는 서쪽 건물터 5곳 가운데 3곳을 복원하였다.

동궁에는 임해전臨海殿이 있었는데 이곳에서는 수차례 연회를 개최하였고 또한 몇 차례 중수했다는 기록도 있다. 임해전은 신라 왕실의 별궁인 동궁 안에 세워진 전궁殿宮이었다. 월지 서쪽에 위치하며, 월지와 함께 문무왕이 삼국통일을 기념하여 만들었다. 931년(경순왕 5)에는 고려 태조 왕건을 초청하여 큰 연회를 열기도 하였다. 그로부터 3년 뒤 경순왕은 왕건에게 나라를 바치게 되는데 이 또한 이곳에서의 연회와 무관하지 않다. 임해전은 통일신라의 건축기법과 수준을 추측할 수 있는 중요하고 유일한 유적이다. 발굴된 각종 기와나 목간木簡(글을 적은 나뭇조각), 주사위 등은 당시 상류층의 생활수준이나 의식을 보여주는 귀중한 자료이다. 임해전의 건물 구조는 탑이 없다는 것을 제외하고는 전형적인 가람양식을 보여준다. 월지에서는 금동아미타삼존판불, 금동여래입상, 금동여래좌상과 불교 관련 장식용 유물이 다량으로 출토되었다.

동궁이 그러했다면 정궁이 있었다는 월성은 어느 정도였을지 가늠해 본다. 문헌에 의하면 신라가 삼한을 통합한 이후 월성 왕궁에는 명학루

위 | 북천의 물이 여러 단계의 수조를 거쳐 안압지로 흘러드는 입수구.
아래 | 크고 반듯한 입수구에 비해 은밀하게 위치한 안압지 서북쪽의 출수구.

鳴鶴樓와 월정당月正堂, 월상루月上樓, 망은루望恩樓, 고루鼓樓 등의 건물이 있었다. 나라에 필요한 물품을 보관하던 창고인 물장고物藏庫와 천존고天存庫, 궁궐 안의 사찰로 추정되는 내원과 연못 2개가 있었다. 월성에는 679년 이름을 붙였을 것으로 추정되는 궁문이 많았는데 임해문臨海門, 인화문仁和門, 무평문武平門, 현덕문玄德門, 귀정문歸正門, 준례문遵禮門, 적문的門 등이 문헌 기록으로 남아 있다. 임해문과 인화문 그리고 개의문은 안압지에 위치한 전각의 문으로 추정되고 나머지는 대체로 왕궁에 위치한 문으로 보고 있다.

월성 왕궁 내 건물 가운데 '숭례전崇禮殿'에 대한 기록은 특히 주목할 만하다. 《삼국사기》〈신라본기〉에 따르면 효소왕 7년(694) 3월 일본국 사신이 이르자 숭례전에 이들을 불러 접견하고 연회를 열었는데 즐거움이 극에 달해 왕이 손수 금琴을 타고 이찬 충영忠榮이 일어나 춤을 추었다고 전한다.

동궁은 신라 통일기에 월성 밖까지 왕궁의 범위가 확대되었음을 보여주는 증거이다. 통일기에는 월성 외곽에 관아 건물과 동궁 외에 북궁과 남궁을 건립하면서 왕궁의 범위가 확대되었는데 일부 학자들은 통일기의 왕궁 확대가 전랑지殿廊址 유적이나 만월성滿月城 기록과 밀접한 연관이 있다고 해석하기도 한다.

《삼국유사》에 따르면 왕궁의 남쪽에 황룡사가 위치했는데, 이는 황룡사 북쪽 어디엔가 월성이 아닌 다른 왕궁이 있었다는 의미이다. 성동동 전랑지는 월성 정북쪽에 위치하는데 1937년 북천 제방 공사를 하다가 우연히 발견된 유적지이다. 아직 전면적으로 연구하지는 않았지만 경주에서 발견된 단일 건물터로는 가장 큰 사방 3칸으로 황룡사 1차 가람과 유사한 모습을 보여 신라의 궁터로 추정한다. 1998년 5월에는 월성 일대 궁궐의 동쪽 담장에서 시작하여 전랑지 쪽으로 뻗은 폭 23미터인 도로가 발굴되어 전랑지 건축물에 대한 궁금증을 더했다. 도시가 북쪽으로 확장되면서 왕궁이 남쪽에 치우친 문제를 해결하기 위해 북쪽에 상징적인 별궁을 지었는데 그것을 전랑지라 보는 의견이 있다. 일부 학자들은 폭 23미터의 도로가 정궁인 월성과 별궁 전랑지를 이어준 것으로 보기도 한다.

신라 통일기의 왕궁 확대와 밀접한 연관이 있어 보이는 만월성은 《삼국사기》에 따르면 월성 북쪽에 있으며 주위가 1824보, 약 3283미터로 한 변이 800미터에 달한다고 전해지는데, 이는 조선시대 궁궐 가운데 가장 큰 경복궁에 필적하는 규모이다. 또한 월성과 함께 왕이 거처한 왕성이라고 기록되어 있는데, 현재의 월성이 확장된 것으로 보는 견해와 별개의 왕성으로 보는 견해로 나뉘어 지속적인 왕경 발굴 작업과 왕성 연구의 과제로 남아 있다.

서라벌 왕궁을 찾아서

왕궁 월성은 언제 어떻게 사라졌을까. 신라 패망 이후 흙으로 만든 성은 비바람에 쉽게 무너져 내렸을 것이다. 몽골이 침입하여 황룡사를 불태우면서 인접한 왕궁과 왕성 안의 방치된 건축물도 불타 소실되었을 것이다. 고고학계는 화재로 사라진 건축물의 유물이 의외로 잘 남아 있을지도 모른다고 본다. 만약 고고학계의 주장대로 월성의 왕궁과 왕성이 다 타서 일시에 사라진 것이라면 현재까지 남아 있는 유물들이 예상 외로 많이 있을 것이라 기대해볼 수 있다.

1979년, 해방 이후 처음으로 문화재관리국 산하 문화재연구소 경주고적발굴조사단에 의해 월성 관련 연구조사인 동문터 조사를 실시했다. 하지만 성 내부에 대한 고고학적 조사는 이뤄지지 않았다. 1979년과 1980년 두 해에 걸쳐 실시한 월성 관련 조사는 성 내부가 아닌 문터와 성벽 토층 그리고 석축 해자 유구遺構(옛 건축물의 흔적) 등을 대략 확인하는 데 그쳤다.

국립경주문화재연구소는 2004년 월성 지표조사에서 월성에 문터가 11개 남아 있으며 궁궐 내 전각마다 대문이 있었다는 사실을 밝혀냈다. 월성 안 석빙고 남서쪽과 서쪽 두 곳에서는 연못이 발견되기도 했는데 이 가운데 하나는 760년에 조성된 것으로 추정한다. 이처럼 월성에 대한 제대로 된 첫 조사가 이뤄졌기에 고고학적으로 의미가 크다.

1915년 도리이 류조의 조사로 월성 성벽 일부를 잘라낸 모습.

위 | 1979~1980년에 시행된 월성 동북쪽 성벽 발굴조사 광경.
아래 | 1979~1980년 월성 동북쪽 성벽 발굴조사 결과 드러난 동문터.

월성에 대한 조사는 오히려 해방 이후보다 일제강점기에 여러 차례 실시되었다. 월성에 대한 첫 학문적 조사는 1902년 동경제국대학 교수였던 세키노 다다시關野貞에 의해 이루어졌다. 그러나 일본의 침략 정책을 위한 자료 조사를 목적으로 월성 유적의 당시 상태를 조사하는 정도였다. 이후 월성에 대한 고고학적 조사는 1914년 도리이 류조鳥居龍藏에 의해 처음 이루어졌는데, 왕궁과 왕성 연구가 아니라 선사시대의 유적 조사가 목적이었다. 당시에는 월정교 부근의 성벽을 발굴하여 선사시대의 흔적을 찾아내는 정도에 그쳤다.

왕궁과 왕성에 대한 연구는 1929년 후지시마 가이지로藤島亥治郞가 동경제국대학의 명을 받아 월성에 대한 역사적 고찰을 한 것이 처음이다. 《삼국사기》와 《삼국유사》의 내용을 발췌하고 문헌에 나오는 건물의 이름을 문과 루, 정청政廳(정무를 보는 관청)과 왕궁으로 나누어 고찰하였다. 후지시마는 이들 건물의 명칭이 중국의 궁성 건축 제도와 유사하다고 보았으며 월성 역시 중국의 궁성과 마찬가지로 조방제條坊制(대로를 중심으로 바둑판같이 설계된 건물들이 정연하게 배치된 것) 안에 속한 것으로 해석했다. 그는 월성이 대략 동서 6방, 남북 4방의 지역을 점한 것으로 추정하기도 했다.

월성에 본격적인 관심을 보인 것은 2000년대에 들어서이다. 왕궁 복원의 필요성을 느낀 경주시는 월성의 성격과 내부를 규명할 수 있는 자료를 모으기 시작했다. 우선 국립문화재연구소는 최신 탐사기기인 비파괴 지하 레이더GPR, Ground Penetrating Radar를 이용하여 월성 안 유구의 잔존 여부를 확인하기 위해 2004년과 2006년 일부 지역에 걸쳐 시험적으로 탐사를 실시하였다. 국립문화재연구소 탐사팀은 유구가 선명하게 잘 남아 있음을 처음으로 확인했고 이는 경주시가 월성 왕궁에 더욱 관심을 가지는 계기가 되었다. 이어 경주시는 왕궁 복원을 연구하기 위해서는 월성 전체에 대한 지하 레이더 조사가 시급하다고 판단하여 국립경주문화재연구소에 지하 레이더 조사를 의뢰했다. 2007년 3월부터 2008년 10월 말까지 진행된 월성 최초의 전면적 지하 레이더 탐사에서는 건축물을 그릴 수 있을 만큼 생생하게 유구의 존재를 확인했으며, 지금은 확인할 수 없는 수많은 유구와 유물이 매장되어 있다는 사실을 밝혀냈다. 천 년 월성의 잠자는 모습을 화면에 담은 것은 탐사팀을 흥분시키기에 충분했다. 경주시와 학계는 앞으로 연구해야 할 월성의 땅속 유물에 관한 큰 과제를 떠안은 셈이다.

왜 우리는 이처럼 역사적인 의미를 가진 고대 도시 서라벌의 왕궁에 무관심했을까. 역사학자와 고고학자들을 잇달아 만나고 1970년대 경주 개발에 참여했던 사람들의 회고담을 읽고 나서야 겨우 조금 이해할 수 있었다. 신라 유물의 대대적인 발굴은 사실상 1973년 천마총 발굴부터 시작되었다. 돌이켜보면 천마총과 황남대총을 발굴할 당시 우리의 경제 수준은 1인당 국민소득이 300달러도 되지 않는, 말 그대로 입에 풀칠할 정도에 불과했다. 1970년대에 박정희 대통령이 대대적으로 추진한 경주관광종합개발계획도 세계은행IBRD에서 차관한 2400만 달러가 없었다면 불가능했을 것이다. 해방 이후 전쟁의 폐허를 딛고 겨우 먹고살 정도였으니 왕경 유적이나 왕궁 유적을 조사·연구하거나 발굴하는 문제는 감히 상상도 할 수 없었.

경주관광종합개발계획에 따라 시작된 당시 유적지 발굴에서는 다른 어느 유물보다 금관 발굴에 가장 큰 관심을 두었다고 한다. 1970년대 고분 발굴에 직접 참여했던 관계자들의 회고록에 따르면 당시 정부 관계자들은 천마총에 이은 황남대총 발굴에서도 금관 발굴 가능성을 두세 번씩 확인하며 발굴 진행상황을 꼼꼼히 챙겼다고 한다.

학계와 전문가들은 왜 고분 발굴에 더 치중했을까. 천마총이나 황남대총과 같은 고분은 유구가 분명할 수밖에 없다. 제한되고 폐쇄된 공간의 유적에서는 유구를 발견하고 규명하는 일이 분명하므로 논쟁의 소지가 적을 뿐더러 성과도 분명하다. 하지만 옛 왕궁터처럼 일반에게 오랫동안 개방되어 온 공간을 발굴하는 것은 작업 자체가 어려울 뿐 아니라 유구나 유물의 존재 여부나 보존 상태 또한 불확실하다. 게다가 여러 시대의 유구가 혼재할 가능성이 있어 발굴이 더욱 어렵다. 이러한 점들이 서라벌 왕궁 유적이나 왕경 유적 발굴을 주저하게 했다. 왕경 유적과 도시 유적은 내버려두어도 사라지는 것이 아니므로 관심 밖으로 밀려날 수밖에 없었다.

1978년 발간한 〈안압지 발굴 보고서〉를 보면 이러한 사정이 잘 드러난다. 월성의 경우 궁터였던 만큼 안압지와 달리 매장 유물이 매우 다양할 것으로 예상했으나 지표조사에 의한 매장 유물의 사전 탐사를 시행해야만 발굴 결과에 대한 예측과 보존 과학적인 조사를 할 것인지 결정할 수 있었다. 안압지처럼 역사적으로 긴 연대에 걸쳐 외부에 노출 혹은 개방되어 각 시대의 유물이 혼재할 가능성이 있는 경우 장기간에 걸친 세밀하고 종합적인 발굴과 출토품 조사 연구가 절실히 요구된다. 경주 지역의 유적지 가운데 매장 유물의 연대가 비교적 확실한 고분이나 왕릉, 개방하지 않았던 사적지 등이 왕궁이나 왕경 유적보다 앞서 발굴조사되는 것은 매우 자연스러운 결과인 셈이다.

어떠한 이유에서든 무관심 속에 거의 방치되다시피 한 왕궁 유적에 아쉬움이 남지 않을 수 없으나 한편으로는 다행일지도 모른다. 당시의 발굴기술 수준과 준비 정도 그리고 복원 문제까지 생각하면 손을 대지 않은 것이 오히려 잘된 일일지도 모르기 때문이다. 또한 고고학자들의 주장처럼 발굴이 능사가 아니며 복원이 최선이 아니기 때문이기도 하다. 유물이 남아 있는 매장 유적지는 그대로 두는 것도 좋은 보존방법 가운데 하나라는 어느 고고학자의 강변强辯에 가까운 설명처럼 말이다.

현재는 비록 폐허로 남아 있지만 월성은 2천 년의 기나긴 역사와 시간을 거슬러 올라갈 수 있는 곳이다. 월성은 땅속 깊이 숨어 회고하는 사람들에게만 문을 열어주는 신비와 전설의 궁궐이다. 월성 앞 대릉원 고분 속에 잠든 이는 왕궁에서 최고의 권세를 누리던 사람일 것이다. 천마총과 황남대총에서 잇따라 쏟아진 황금 유물들이 우리에게 말하는 것처럼 대릉원의 고분은 천 년 궁성의 전설을 이야기하고 있는지도 모른다. 그러니 이제부터라도 이야기를 만들어보면 어떨까.

세계적으로 해리포터 시리즈가 선풍적인 인기를 끈 이후 스토리텔링에 대한 관심이 급증하고 있다. 우리의 해리포터 이야기는 사라진 고도 서라벌에서 시작할 수 있을 것이다. 어느 역사학자는 전설로 남은 서라벌 궁궐을 찾아 신라로 시간 여행을 떠나려면 일종의 비자와 여권이 필요하다고 말했다. 발급은 아주 간단하다. 신라 역사를 보는 한국 사학계의 날카로운 논쟁적 시각과 흥분한 잣대를 잠시 내려놓는 것이다.

불과 땅속 1, 2미터 속에서 천 년의 시간을 견딘 유물들이 언젠가 살며시 땅 위로 나와 천 년 역사를 말하는 순간을 떠올려보자. 어쩌면 지금도 나직한 목소리로 말하고 있으나 우리가 무관심해서 못 듣는지도 모른다. 서라벌에 대한 무지와 숱한 논쟁을 일거에 잠재울 역사의 비밀이 조용히 잠들어 있다는 사실은 상상만으로도 충분히 즐거운 일이다. 월성은 우리의 상상력을 무한히 자극하는 유적지라는 점에서 새롭게 조망해야 할 곳임이 분명하다.

월성, 천 년 잠에서 깨어날까

천 년 잠에서 깨어난 동궁

　1975년 7월 25일, 안압지 발굴 현장. 안압지 발굴을 책임지고 있는 경주고적발굴조사단은 한여름 뙤약볕의 따가움을 잊은 지 오래다. 목선木船을 비롯해 예상치 못한 유물들이 계속 쏟아져 나오면서 발굴 현장이 연일 흥분에 휩싸이고 있기 때문이다. 발굴조사에 투입되는 인부도 49명에서 61명으로 크게 늘렸다. 발굴에 나선 인부들에게는 유물을 더욱 조심스럽게 다루도록 계속 당부했다. 발굴 소식이 전해지면서 외부의 관심과 문의가 부쩍 늘었고 언론의 집중적인 취재도 이어졌다. 무엇보다 청와대에서 발굴 상황을 처음부터 직접 챙기고 있으니 여간 신경이 쓰이지 않았다.

　안압지 발굴은 당초 계획에 없다가 우연히 시작되었다. 경주관광종합개발계획의 일환으로 1974년 11월부터 연못을 준설하고 주변을 정화하는 정도로 작업을 진행할 계획이었다. 준설 과정에서 연못 깊이와 토사의 매몰 상태를 확인하기 위하여 연못 중심부에 가로세로 2미터의 구조물을 설정하고 탐색 조사를 실시했는데 적지 않은 기와 파편들이 출토되었다. 경주사적관리사무소는 즉각 공사를 중단하고 문화재위원회에 보고했고 문화재위원회의 결정에 따라 1975년 3월 25일부터 문화재관리국 경주고적발굴조사단이 본격적인 발굴조사에 나섰다. 준설·정화 계획이 졸지에 발굴조사로 바뀐 것이다.

직선과 곡선이 절묘하게 어우러져
어느 곳에서 보아도 전체가 한눈에 들어오지 않게 조성된 안압지.

안압지 발굴은 연못 조사와 연못 주변 건물터 조사로 나누어 실시했다. 연못 조사는 만 1년이 걸렸고 건물터 조사는 1976년 5월 10일부터 그해 12월 30일까지 7개월여 동안 진행되었다.

경주관광종합개발계획을 세울 때까지만 해도 안압지는 크게 주목을 끌지 못했다. 왕궁과 가까운 곳이기는 하지만 연못에 지나지 않는 데다 이미 오랜 세월이 지났고, 연못 물을 빼내어 유물을 발굴했는지에 관한 역사적 기록도 전혀 없기 때문이다. 탁한 물만 가득한 버려진 것이나 다름없는 연못이었기에 고고학자들의 호기심을 끌 만한 신비로움이라고는 전혀 없었다. 지금은 건축물의 모양새를 갖추고 안압지라는 이름으로 불리지만 신라가 망하고 고려를 건국한 이후 건물 보수가 전혀 되지 않은 채 폐허로 남아 있던 곳이다.

안압지의 물을 뽑아내고 본격적으로 발굴을 시작한 지 5개월. 발굴조사단은 발굴 전 예상이 모두 보기 좋게 빗나갔다는 사실을 확인하며 놀라움과 흥분을 감추지 못했다. '내 평생 이런 발굴을 또 경험할 수 있을까?' '한 번 실패는 영원한 실패다.' 고고학 발굴 현장에서 수없이 들어온 얘기였다. 발굴에 나선 고고학자는 학창 시절부터 들어온 발굴의 원칙을 다시 한 번 되뇌었지만 천 년 잠에서 깨어난 유물을 보자 흥분하지 않을 수 없었다. '이것들이 과연 천 년의 비밀을 간직한 유물이란 말인가. 어떻게 연못 바닥에서 이렇게 많은 유물이 이토록 생생하게 보존될 수 있단 말인가.' 천 년의 세월을 육지의 흙도 아니고 무덤도 아닌 연못 개펄과 진흙 속에 묻혀 있었다는 사실을 도저히 믿을 수 없었다. 기록이나 자료가 없어 학계에서도 상

1950년대 발굴 이전의 안압지.
오리와 기러기가 많이 머문다 하여 조선시대부터 안압지라 부른다.

1975년에서 1977년까지의 안압지 발굴조사 광경.
처음에는 연못을 준설하고 주변을 정화하려는 계획이었으나
예상하지 못한 유물이 쏟아져 나오면서 본격적인 발굴조사로 바뀌었다.

상하기 힘들었던 고대 도시 서라벌에서 천 년 유물을 발굴해낸 것은 일반적인 호기심을 뛰어넘어 학술적으로도 대단한 의미를 가지며, 이후의 신라 연구에 불을 지피는 중요한 역할을 할 것이라 전망했다.

안압지에서는 글씨를 새긴 벽돌과 기와를 포함하여 모두 3만여 점의 유물이 나왔다. 발견된 유물은 무덤의 부장품과는 달리 실생활에서 사용하던 것이 대부분이었다. 한편, 발굴 과정에서 공사년도를 말해주는 기와와 벽돌을 발견했다. '의봉儀鳳 4년 개토皆土'라고 새겨진 기와가 여러 점 출토되었다. 의봉은 중국 당나라 고종 때 사용했던 연호이며 의봉 4년은 679년에 해당한다. 출토 유물을 근거로 하여 674년부터 일정 기간 동안 연못을 팠으며 679년에 동궁을 지었다고 짐작할 수 있었다.

또한 안압지에서는 건물을 단청할 때 물감을 담아 쓰던 토기도 발견되었다. 신라에서는 천연 광물을 이용하여 다양하고 아름다운 물감을 만들어 사용했는데 시간이 지나도 빛깔이 바래지 않았다고 한다. 현재 안압지의 단청은 복원공사 때 칠한 것으로 실제 건물은 지금보다 더 화려했을 것이라 추정한다.

길이 6미터의 목선을 비롯해 안압지의 건축 시기를 말해주는 기와, '동궁아일東宮衙日'이라는 글씨가 뚜렷한 동궁의 자물쇠, 목간, 14면체의 독특한 놀이기구 '주령구酒令具' 주사위 그리고 소나무를 깎아 정교하게 만든 실물 크기의 남근男根 두 개 등등. 안압지 유물 발굴자들은 유물 하나하나에 새긴 글이 너무나 선명하고 색깔이 뚜렷하여 놀라움을 감추지 못했다. 기와 등 각종 건축 유물은 모양과 형태가 깨끗하게 보존된 것이 많아 천 년 전 매

왼쪽　|　안압지 동쪽 언덕에서 출토된 금동아미타삼존판불.
오른쪽　|　안압지 남쪽 건물터에서 출토된 금동여래입상.

몰되었던 유물이라 보기 어려울 정도였다. 천 년 잠에서 깨어난 유물이라 하기에는 보존 상태가 좋아 눈을 의심할 수밖에 없었다.

안압지의 발굴 유물들은 어떤 연유로 연못 속에 가라앉아 천 년 동안 그 모습을 지켜왔을까. 첫 번째 추측은 왕과 신하들이 잔치를 벌이다 유물이 연못 속에 빠진 것이다. 두 번째는 935년(경순왕 9) 신라가 멸망하면서 폐허가 된 동궁에 홍수 등의 천재天災가 겹쳐 유물이 물속에 휩쓸려 들어간 것이다. 거기에 신라가 망하자 고려군이 동궁을 의도적으로 파괴하며 유물을 연못 속에 빠뜨렸다는 추측도 있다.

안압지는 전체 면적이 1만 5658제곱미터에 달하는 큰 유적지이다. 월지라는 이름은 1980년 안압지 발굴 이후 토기 파편의 기록 등을 해석하여 찾아낸 안압지의 원래 이름으로 안압지가 왕궁의 동궁이었다는 사실도 발굴이 거둔 성과이다. 유물 가운데 기와와 목재 난간, 건물 바닥재 등 건축과 관련된 유물이 2만 6천 점으로 발굴 유물 대부분을 차지한다는 점은 우리에게 많은 것을 시사한다.

안압지를 왕궁의 연못으로만 알았던 고고학계는 동궁 연못으로서의 안압지의 위치와 역할에 대해 알아내는 성과도 거두었다. 안압지에서 발굴한 엄청난 유물은 인접한 월성의 땅속에 남아 있을 유물 발굴에 대한 기대를 자극하기에 충분했다. 일개 동궁 연못에서 발굴된 유물이 3만여 점에 달할 정도라면 왕성인 월성의 땅속에는 과연 얼마나 많은 유물이 잠들어 있을지 상당히 궁금하다.

그러나 안압지 발굴에 긍정적인 성과만 있는 것은 아니다. 채 2년이 되지 않는 짧은 발굴 기간도 문제였지만 유물 수습에만 지나치게 관심을 두는 바람에 신라 건축물에 대한 자료를 제대로 알아내지 못했다는 학계의 비판이 제기되기도 했다. 안압지가 왕궁에 딸린 동궁의 연못이었다면 발굴 조사의 시작부터 달라야 했다는 것이다. 고고학계는 안압지 발굴에 참여했던 원로 고고학자 김원룡 박사가 안압지 발굴 이후 후학에게 남긴 말을 아직도 생생하게 전한다.

"내게 안압지 발굴은 고고학자로서 일생에 경험하기 힘든 최고 최대 발굴이었지만 왕궁 동궁과 관련해 제대로 알아내지 못하고 발굴을 마무리해버린 것은 가장 아쉬움이 많이 남는 부분으로 두고두고 후회가 된다."

서라벌 왕궁에 대한 기록과 연구가 거의 전무한 상태에서 나온 안압지 유물은 우리에게 천 년 전 사라진 도시 서라벌의 생생한 생활을 전한다는 점에서 고고학적 가치가 실로 말할 수 없을 정도로 크다. 학계가 안압지 연구를 계속하고 있으므로 앞으로 어떤 연구 성과가 나올지 지켜볼 일이다.

발굴 당시 안압지 일대에는 무려 건물터 31곳이 발견되었다. 하지만 이 가운데 3채만 신라시대 건물로 추정해 되살렸다. 우리나라 토양은 산성이기 때문에 목재 유물의 상태가 양호한 경우가 거의 없다. 하지만 목재 난간은 개펄에 묻혀 있었기 때문에 온전하게 원형이 보존될 수 있었다.

현재 안압지는 월성과 6차선 대로를 사이에 두고 별개의 유적지처럼 남아 있다. 신라시대에는 자연스럽게 연결된 하나의 왕궁이었던 곳이다. 이처럼 서라벌 유적은 곳곳에 길을 내고 대형 주차장을 만들고 휴게 시설을 설치하는 바람에 파편처럼 찢기고 갈라졌다. 천 년 왕도의 엄숙함이나 신비로움은 찾아볼 수도 느낄 수도 없다. 쉽고 편안하게 왔다가 서둘러 보고 떠나도록 만든 '관광지'에는 서라벌 본연의 모습 대신 퇴색하고 훼손된 역사문화도시의 가치만 남아 있을 뿐이다.

땅 위에 그린 보물지도

안압지 발굴 결과는 왕궁 월성에 대한 관심을 촉발하기에 충분했다. 면적으로 보면 안압지가 1만 5천여 제곱미터인 반면 월성은 내부만 19만 3천여 제곱미터로 안압지의 10배가 넘는다. 게다가 안압지는 삼국통일 직후인 670년에 건립한 데 반해 월성은 이보다 무려 500년도 더 이전에 건립한 실로 유서 깊은 곳이다. 800년이 넘는 기나긴 세월 동안 왕과 귀족 등 왕성에서 생활한 사람들이 얼마나 많았을지 짐작조차 힘들다. 더구나 월성 안 부지는 조선시대에 석빙고가 들어설 만큼 물품을 보존하기에 좋은 환경 조건을 갖추었던 곳이다.

이러한 역사적·지질학적 상황을 감안하면 월성의 땅속에 잠들어 있을 신라 고고학의 비밀을 풀어낼 보물은 과연 어떤 것일지 호기심과 궁금증이 더욱 커진다. 월성 발굴을 언제쯤 시작할 수 있을까 하는 의문에서부터 월성 내부 발굴에는 어느 정도 시간이 걸릴지, 월성의 땅속에는 어떤 유물이 얼마나 잠들어 있을지, 월성 발굴 유물은 안압지 발굴 유물과는 어떻게 다를지 의문이 꼬리에 꼬리를 잇는다.

월성 발굴은 호락호락한 작업이 아니다. 사전 조사나 준비 없이 호기심만으로 시작한 발굴이 화를 자초한 전례가 없지 않기 때문이다. 경주 지역 문화재 관계자들 사이에서는 "지난 1970년대 말 월성 내부 시험 발굴에 나섰던 문화재 발굴단이 지하에 너무 많은 유물이 매장되어 있어 당시 기술로는 도저히 발굴할 수 없다는 사실을 확인하고는 그대로 덮어버렸다"는 말이 아직도 생생하게 전한다. 그 이후 월성은 오랫동안 잊혔다.

월성이나 서라벌에 관심을 가진 역사학자나 고고학자들의 호기심을 다시 자극한 계기는 지난 2004년 국립문화재연구소가 최초로 월성 안 일부 지역에 걸쳐 시험적으로 진행한 지하 레이더 탐사 결과가 발표된 직후이다. 탐사 범위는 월성 안 석빙고 앞 일대로 비록 부분에 그쳤지만 수많은 유구가 지하에 잘 보존되어 있다는 사실을 처음으로 확인한 매우 의미 있는 탐사였다.

이전까지 월성은 시민 체육 시설과 공원으로 사용해왔다. 그러나 사용 용도에 문제가 많다는 지적과 비판이 잇따르자 국궁장과 승마 시설 등을 없앤 뒤 지하 레이더 탐사를 실시했다. 월성의 첫 지하 레이더 탐사 결과가 알려지자 경주시는 물론 정부까지 경주 시내에 있는 대형 고분의 발굴 필요성에 관심을 모았다. 특히 곳곳에서 월성 발굴에 앞서 전면적 기초 조사가 시급하다는 요구를 제기했다.

이러한 고고학적인 궁금증 속에 지난 2007년 경주시는 국립경주문화재연구소에 월성 전 지역을 대상으로 한 지하 레이더 탐사를 비롯하여 지형 연구, 식생환경 조사, 성벽 안전성 조사 등을 의뢰해 처음으로 월성에 대한 전면적인 기초학술조사를 단행했다. 월성 내부 전 지역에 대한 지하 레이더 탐사는 2007년 3월부터 2008년 3월까지 실시되었는데 현장 조사 1년에, 자료 분석과 해석까지 6개월의 시간이 더 걸렸다.

월성 전경.
월성 남쪽으로는 남천이 흐르며 동쪽으로는 안압지가,
북서쪽으로는 계림과 여러 고분이 월성을 둘러싸듯 위치한다.

61

지하에 무엇이 매장되어 있을까 하는 의문 속에 진행된 첫 시험 조사에서는 놀라울 정도로 많은 유구가 매우 잘 남아 있다는 사실을 확인했다. 이는 왕궁 월성에 대한 호기심과 학문적 관심을 촉발한 좋은 계기가 되었다. 신라가 패망하고 왕도 서라벌이 사라진 지도 무려 천 년. 땅속에 묻힌 왕도의 왕성 지하를 최초로 탐사한다는 측면에서 지하 레이더 탐사가 갖는 고고학적 의미는 더욱 각별했다. 여전히 성 안팎에서는 월성의 비밀을 밝히기 위한 작업이 조심스럽게 진행되고 고대 왕궁이 어떻게 천 년 잠에서 깨어날 것인가에 관심이 쏠렸다.

국립경주문화재연구소는 월성 내부 매장 문화재 분포 현황 조사를 위해 국립문화재연구소 고고연구실이 보유하고 있는 지하 레이더 탐사 장비를 이용했다. 지하 레이더 탐사는 전자기파를 땅속에 투과하여 유구를 손상시키지 않고 간접적으로 땅속의 정보를 얻는 물리탐사 기법이다. 현대 물리탐사 기술 가운데 땅속을 가장 높은 해상도로 신속하게 탐사할 수 있는 방법 가운데 하나이며, 공중이나 수중에서 일반적으로 사용하는 비행기의 레이더나 어군탐지기와 같은 원리로 의사가 수술하기 전 환자의 환부를 엑스레이$^{X-ray}$나 시티^{CT}로 촬영하는 것에 비유할 수 있다.

지하 레이더 탐사 조사단에는 국립경주문화재연구소에서 14명, 국립문화재연구소 고고연구실에서 6명이 참여했다. 현장 탐사 작업은 2007년 3월 27일 월성 동쪽 끝에서 시작하여 서쪽 방향으로 진행했으며 2008년 3월 21일 조사를 완료했다. 미국 GSSI사의 SIR-3000이라는 장비를 사용했으며 레이더의 안테나 중심 주파수는 400메가헤르츠였다.

월성의 총 탐사 면적은 11만 2535제곱미터로 월성 내부 전체 면적의 절반이 넘는다. 탐사 깊이 3미터에 해상도는 0.5×0.03미터당 데이터를 기록·조사했다. 탐사는 월성 주변의 해자 발굴을 위하여 설정한 발굴 기준점을 기준으로 실시했다. 지하 레이더 탐사팀은 성 내부 탐사 대상 지역을 평균 50미터 간격으로 구획하여 230개의 나무 말뚝을 박고, 설치한 50×50미터 구역 안쪽을 줄자를 이용하여 1미터 간격으로 다시 나누었다. 이렇게 설치한 줄자 사이를 0.5미터 간격으로 지그재그로 왕복하며 지하 탐사를 실시했다. 현장에서 조사하고 얻어낸 데이터의 크기는 11.4기가바이트이며 분석 과정을 거쳐 나온 데이터는 총 62.8기가바이트였다.

탐사 결과 월성에는 14개 구역으로 특징지을 수 있는 크고 작은 건물군이 있으며, 실로 헤아릴 수도 없이 많은 매장물을 발견했다. 그 가운데 석빙고 앞의 개활지 그리고 월성의 동쪽 끝과 서쪽 끝 지역에서 월성의 중요 시설로 추정할 수 있는 대규모 건물터를 확인했다. 〈경주 월성 기초학술조사 보고서〉에는 구역의 위치도와 현장사진, 지하 레이더 탐사 평면 결과와 3차원 입체 결과까지 생생하게 기록해놓았다.

월성 탐사를 통해 얻은 보물지도는 천 년 전 서라벌을 충분히 상상하고도 남을 정도로 생생했다. 11만 2천여 제곱미터에 달하는 왕성 안에는 각종 건축물이 동쪽 끝자락에서 서쪽 끝까지 빼곡히 들어차 있었다. 월성에 어떤 건물이 어떤 모습으로 있었는지는 앞으로 본격적인 발굴을 시작하고 건축물의 규모를 조사 연구해야 좀 더 분명히 밝혀지겠지만, 왕성과 왕궁 내부에 얼마나 많은 사람들이 붐볐을지는 지금도 쉽게 짐작할 수 있다.

월성 탐사 구역과 지하 레이더 탐사 결과.
붉게 보이는 부분이 매장 유구가 확인된 곳이다.

탐사 구역 14개 가운데 건물터가 남아 있지 않은 곳은 월성의 큰 출입문인 문터가 있었을 것으로 추정된다. 현재 석빙고 바로 옆 8구역과 첨성대, 계림, 월성을 잇는 오솔길이 가로지르는 4구역 두 곳이다. 4구역에서는 주변의 토양과는 성질이 전혀 다른 토양층이 대규모로 발견되어 궁금증을 더했다. 나머지 12개 구역에는 다양한 건축물의 흔적이 그대로 잘 남아 있다. 월성 서쪽 끝에 위치한 1구역에서는 성문 두 개와 문과 문 사이에 가로 8미터 세로 11미터 규모의 건물터가 있었다는 사실을 확인했다. 가장 주목할 만한 14구역과 맞닿아 있는 12구역에는 가로 31미터 세로 46미터의 대형 건물터에 'ㅁ'자형 건축물이 있었을 것으로 추정했다.

월성 보물지도를 보면 월성에 건축물 초석이 잘 보존되어 있음을 알 수 있다. 조선시대 얼음 창고인 석빙고를 월성 지하에 축조했다는 사실을 감안하면 월성의 지하 공간이 갖는 의미는 더욱 각별하다. 그렇기에 월성 지하에 매장된 유물에 대한 궁금증을 더욱 자극하고 증폭시키는지도 모른다. 석빙고 옆에 세워진 비문에 의하면 1738년(영조 14) 석빙고는 현재 위치보다 서쪽으로 약 100미터 되는 곳에 만들었다가 3년 뒤인 1741년 현재 위치로 옮겨 개축한 것으로 되어 있다. 월성 내부의 석빙고는 조선 후기 전국의 여러 석빙고 가운데 가장 우수한 것으로 꼽혔다고 한다.

월성유적탐사조사단은 14개 탐사 구역 가운데 석빙고 남동쪽에 위치한 9구역과 동쪽 끝에 위치한 14구역을 특히 주목했다. 이들 두 구역에 대해서는 〈탐사 구역별 데이터 현황 보고〉에서도 다른 구역에 비해 비교적 자세하게 기술하고 있다.

월성 9구역

월성 9구역은 조선시대에 지어진 석빙고 남동쪽에 위치한다. 2004년 월성지표조사에 따르면 이 구역에서 많은 유구를 확인했으며 그로 인해 왕궁 안 주요 구역으로 지목받았다. 북동쪽으로는 왕궁의 동문 자리인 동문터와 만나고 석빙고 앞 남동 방향으로는 배수로가 위치한다. 남쪽에는 대나무 군락이 있다.

9구역 지하의 가장 상층부에서는 석렬로 추정하는 'ㄱ'자형의 구조물이 선명하게 남아 있는 것을 확인했다. 석렬의 동서 방향 길이는 44미터 남북 방향 길이는 51미터에 달하는 것으로 보인다. 이 구역에는 규모가 있는 여러 건축물이 가로 44미터 세로 51미터 부지에 밀집했던 것으로 보인다. 북쪽으로 가로 6미터 세로 28미터에 건물터 세 곳의 흔적이 생생히 남아 있고 남쪽으로도 가로 6미터 세로 20미터 크기의 건물이 남아 있다. 또한 북쪽으로 가로 8미터 세로 8미터 크기의 건물 다섯 채가 동서 방향으로 나란히 8미터 간격을 두고 있으며 그와 비슷한 크기의 건물 여섯 채가 북쪽 열과 남쪽으로 7미터 떨어진 곳에 같은 방향으로 나란히 줄지어 있다. 건물터 내부는 바닥을 다지는 채움재가 가득한 건물이거나 지반을 잘 조성한 건물로 추정한다.

9구역은 월성 내부에서 건물터가 가장 많이 남아 있는데, 건물터의 흔적이 얕은 곳은 지표에서 불과 10센티미터 바로 아래에서부터 나타난다. 특별한 발굴 장비 없이 맨손으로도 조금만 파 보면 쉽게 초석이 드러날 정도로 유구가 생생하게 잘 보존되어 있는 상태이다.

월성 14구역

　언제 어떻게 왕궁 발굴을 시작할지는 알 수 없지만 발굴조사를 시행할 경우, 조사에 참여하는 연구원들이 가장 주목해야 할 곳은 바로 월성 14구역이다. 이 구역 역시 월성 9구역과 마찬가지로 2004년 첫 월성지표조사 당시에도 조사가 된 구간으로 월성터 안에서도 고고학적인 가치가 크다.

　14구역은 오래전부터 이른바 왕궁 월성의 안 대궐이라 구전하는 곳으로 월성의 동쪽 끝, 그러니까 일부 학자들이 남궁이 있었다고 주장하는 현재 국립경주박물관과 남쪽으로 맞닿아 있다. 이 구역은 세 면이 월성 동쪽 성벽에 둘러싸여 있고 내부는 숲으로 이루어져 있으며 바닥에는 건물 초석으로 쓰였을 돌이 군데군데 드러나 있다. 서쪽 구역보다 15미터에서 20미터 정도 높아 왕성 내부를 전체적으로 조망할 수 있으며 안압지와도 비교적 가깝다. 이러한 지리적 이점을 통해 월성의 서쪽보다 중요한 건축물이 많이 있었을 것이라 추정한다.

　14구역이 특히 주목을 받는 것은 여러 건물의 초석이 매우 질서정연하게 남아 있기 때문이다. 초석은 전체적으로 보았을 때 동서 방향으로 긴 'ㅁ'자 형태로 배치되어 있다. 땅속에 남아 있는 유구가 밀집된 범위는 동서로 107미터 남북으로는 57미터나 된다. 초석의 일부는 지표에 노출되어 있고 땅속 유구도 9센티미터로 매우 얕게 나타났다.

　건물 배치는 북쪽에서 서쪽으로 약 14도 기울어져 있어 월성이 가지는 곡선 형태에 따라 공간을 효율적으로 이용한 것으로 분석했다. 중심 건물로 추정되는 건물은 가로 12미터 세로 16미터 크기이며, 이 건물 초석 바로

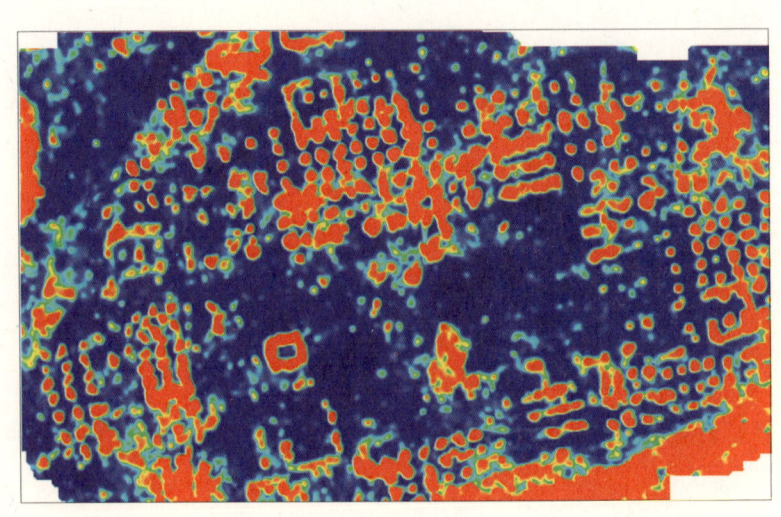

월성 14구역 지하 레이더 탐사 결과.
크고 작은 여러 건물의 초석이 질서정연하게 남아 있다.

위에 가로 15미터 세로 23미터의 초석들이 중복하여 남아 있었다. 800년이 넘도록 왕궁터로 사용했다면 당연히 건물의 증개축이 많았을 것이다. 첫 지하 레이더 탐사에서 건물 유구가 중복하여 남아 있는 것을 확인한 이상, 초석의 시대별 변천을 규명하며 발굴해나가는 것은 무척 까다로운 일일 수밖에 없다. 이는 왕궁 유적 발굴을 더욱 주저하게 만드는 요인이다.

조사 결과 14구역의 'ㅁ'자형 북쪽 건물은 초석이 중복되어 매우 복잡하게 남아 있어 시대별로 정확히 구분해내기가 쉽지 않을 것이라 전망한다. 북쪽뿐만 아니라 'ㅁ'자형 동쪽에 위치한 유구에서도 초석이 발견돼 건물의 중복성이 그대로 나타났다. 가로 8미터 세로 12미터의 건물 외부로 가로 15미터 세로 20미터의 유구가 남아 있다. 이처럼 14구역에서 건물이 중복해서 많이 나타나는 것은 월성에서 동쪽 끝이 얼마나 중요한 곳이었는지를 방증한다. 이는 고고학계가 14구역을 특히 주목하는 이유이기도 하다.

지난 2007년 3월부터 2008년 10월 말까지 이어진 현장 조사와 분석 작업은 이처럼 믿기 어려운 탐사 결과물을 땅 위에 그린 보물지도처럼 내놓았다. 월성 내부에 대한 첫 전면 지하 레이더 탐사에 참가한 조사단은 천년 왕성의 배치도를 실제 데이터를 이용해 그려내는 놀라운 성과를 거두었다. 그 윤곽은 월성의 잔디 위에 그림을 그릴 수 있을 정도로 뚜렷하여 탐사단의 고고학적인 호기심을 자극했다.

국내에서 이렇게 넓은 유적지를 고해상도로 탐사하고 분석한 것은 월성이 처음이다. 월성 탐사의 총 연장 길이는 225킬로미터로 부산에서 대전까지의 거리와 엇비슷하다. 이 길이를 1미터마다 놓치지 않고 정확히 표시

한때 시민 체육공원과 경마장으로 사용하던 월성 내부.
지금은 모두 철거되고 빈터로 남아 있다.

하며 지하 유물을 탐사했다고 하니 지하를 훤히 내려다보듯 샅샅이 조사했다고 해도 과언이 아니다. 월성 탐사는 월성 지하에 숨어 있는 엄청난 양의 유구를 밝히는 데 성공했다. 월성 안에는 건물의 초석 외에도 지름 40미터 안팎의 큰 연못과 가마터, 공방, 구상유구溝狀遺構(도랑을 파고 집을 지은 흔적) 그리고 우물 등이 있었던 것으로 본다.

    국립경주문화재연구소는 월성에 대한 기초학술조사를 위해 지하 레이더 탐사와 함께 월성 지형 연구와 식생환경 연구도 실시했다. 월성 지역의 지형 연구는 지하 레이더 탐사가 끝난 뒤인 2008년 7월부터 12월까지 국립경주문화재연구소와 경북대학교 지리학과 연구팀이 현지 조사로 진행했다. 지형 연구는 월성 구릉지의 지형 경관 특성을 파악하기 위한 것으로 성의 입지와 관련한 제반 여건을 연구 조사하여 향후 진행할 월성 발굴 연구의 기초 자료를 제공하는 데 목적을 두었다.

    월성 지역에 대한 식물의 분포와 생장환경 등을 조사 연구한 월성 식생환경 연구는 국립경주문화재연구소와 경주대학교 관광조경학과 연구팀이 지형 연구와 같은 시기인 2008년 8월부터 4개월 동안 진행했다. 식생환경 연구 결과 월성 일대 토양이 산성화되어가고 있는 것으로 드러났다. 토양의 산성화는 월성 안 수목의 생장은 물론 매장되어 있는 문화재에도 영향을 미칠 우려가 있어 대책 마련이 절실했다. 또 연구팀은 식물 조사 결과 월성 안에는 상수리나무와 소나무, 벚나무가 가장 많이 분포하며 이들 자생수종을 보호하기 위해서는 개잎갈나무와 같은 외래 수종 및 대나무 군락 등을 제거해야 한다고 제언했다.

경주시 관계자들은 지난 2007년과 2008년, 2년에 걸친 대대적인 월성 왕궁 유적 기초학술조사를 계기로 그동안 침체됐던 경주 관광이 새로운 전기를 맞을 수 있을지도 모른다는 기대감에 부풀어 있다. 이번에는 역사도시조성사업을 제대로 추진해야 한다는 의지와 함께 큰 의욕을 보이고 있어 앞으로 경주가 얼마나 달라질지 주목할 만하다.

월성 발굴 100년의 꿈

　월성 내부에 대한 기초 조사 결과가 알려지면서 월성 발굴은 고고학계의 희망인 동시에 큰 과제가 되었다. 고고학계는 월성 내부를 제대로 발굴하자면 50년, 길게는 100년까지도 족히 걸릴 것이라 내다본다. 실례로 왕성 앞 해자는 발굴하는 데만 25년이 걸렸지만 아직까지 발굴 작업을 마무리하지 못하고 있다. 지금과 같은 발굴 속도를 감안하면 왕궁 발굴은 국내 발굴 사상 유례가 없는 100년이라는 초장기 발굴까지도 예상해야 한다.

　물론 지금 당장 월성의 발굴 문제가 우리에게 현실 과제로 다가올 경우 학계의 반대가 만만치 않을 것이다. 발굴은 한번 시작하면 영원히 되돌릴 수 없기에 실수를 최소화하기 위해서는 발굴·복원 기술이 선진국 수준으로 축적되기를 기다려야 하기 때문이다. 현재 우리 기술로는 월성을 제대로 발굴하기 어려운 만큼 최대한 신중하게 발굴 계획을 세워야 한다는 중론이다. 이러한 주장에도 경주는 월성 발굴을 계기로 고대 도시 서라벌이 다시 살아날지도 모른다는 흥분을 감추지 못하고 있다. 대한민국에서 고고학이 제대로 조명받는 계기가 될 것이라는 기대감도 갈수록 커지고 있다.

　신라가 삼국을 통일한 이후 서라벌 왕궁은 그 웅장함을 더했다. 논란의 여지가 있는 현재 국립경주박물관 자리의 남궁과 동궁까지 포함하면 서라벌 왕궁은 엄청난 규모를 자랑했을 것이다. 조선시대 경복궁과 비교해도 손색이 없을 정도로 장대했을 것이다. 그랬던 왕궁은 당시의 외견상 흔적을 찾아보기 어려울 정도이다. 왕조의 패망과 고려시대 몽골의 외침으로 많은 유물이 불탄 요인도 있으나 관심을 두지 않고 보존에 소홀하여 월성을 현재 모습에 이르게 한 우리 후손의 책임도 상당하다.

1980년대 월성 해자를 발굴하면서부터 사람들은 월성에 관심을 갖기 시작했다. 월성은 대단한 학술적 가치를 지녔음에도 신라 왕성으로서의 월성보다는 조선시대 석빙고가 있는 곳으로 더 잘 알려졌으며 보존해야 할 유산보다는 시민의 체육공원으로 이용하던 곳이다. 월성은 오랜 시간 권세와 부를 누린 왕조가 패망 이후 어떤 모습으로 남을 수 있는지를 여과 없이 보여주고 있다. 월성은 지하 레이더 탐사를 통해 이제 겨우 비밀의 첫 번째 문을 열었다. 신라 패망 이후 천 년 이상의 세월을 보내고서야 월성은 신라 왕성으로서의 위상을 되찾아가는 길목에 서 있다. 800년이 넘는 기나긴 세월 동안 왕궁으로 사용하며 건물을 지었다 허물기를 반복했을 월성 지하에는 여러 시대의 흔적이 수직으로 겹쳐 있기 때문에 발굴하기가 무척 까다롭다. 땅속 깊이 묻혀 있는 역사와 시간의 비밀을 풀어내는 작업은 이토록 힘든 일이다. 월성은 우리 고고학사에 거대한 산처럼 남아 있다.

고고학자들은 섣부른 호기심으로 시작한 발굴이 오히려 파괴를 부를지도 모른다고 우려한다. 해방 이후 고고학 발굴이 실패한 사례가 한둘이 아니기 때문이다. 긴 시간 동안 한 장소를 왕궁과 왕성으로 사용했다면 그 안에는 역사의 흔적을 밝힐 수많은 유물과 단서가 매장되어 있을 것이 분명하지만 유물이 짧은 시간에 엄청나게 쏟아질 경우 발굴과 분류, 연구, 복원 등을 현재의 전문 인력으로는 감당할 수 없는 실정이다.

이러한 이유로 월성 발굴에 신중을 기해야 한다는 주장이 더욱 설득력을 얻고 있다. 지난 2007년과 2008년에 실시한 조사를 정리한 국립경주문화재연구소의 〈경주 월성 기초학술조사 보고서〉는 권수로 일곱 권, 쪽수로는 2천여 쪽에 달하는 방대한 분량의 보고서이다. 기초 조사임을 명시한 보고서의 분량이 보여주듯 고고학적 발굴의 기본은 가능한 적은 지역을 오랜 시간을 두고 발굴하는 것이다. 빠른 시간 안에 넓은 지역을 발굴할 경우 그만큼 많은 것을 놓칠 수밖에 없기 때문이다. 〈경주 월성 기초학술조사 보고서〉에는 월성 내부의 발굴조사에 대해 다음과 같이 기술하고 있다.

"성 내부 구역에 대한 조사는 지하 레이더 탐사 결과를 바탕으로 구역을 나누어 발굴조사를 진행시킬 수 있을 것이나 내부의 유구가 모두 동시기가 아닌 여러 시기의 유구가 중복되어 있을 가능성이 크므로 조사에 신중을 기해야 할 것이다. 특히 천 년에 가까운 오랜 시간 동안 건물 등 내부 환경에 있어 많은 변화가 있었을 것으로 추정되기 때문에 '어느 시기의 유구를 중심으로 할 것인가' 하는 부분에 고민의 초점을 맞추어야 한다. 한편, 발굴조사를 진행하게 될 경우, 국립경주박물관-안압지-월성-첨성대-대릉원으로 이어지는 길은 수많은 관광객이 지나다니는 코스가 되었기 때문에 현장의 관리 및 통제, 관광자원화에 더욱 각별한 신경을 써야 할 것으로 생각된다."(국립경주문화재연구소, 〈경주 월성 기초학술조사 보고서〉 7권, 94쪽)

고고학계는 지난 1970년대 안압지 발굴을 실패한 발굴 가운데 하나로 기억한다. 연못과 건축물 발굴에만 집중하는 바람에 동궁의 구조를 체계적으로 알아내지 못했기 때문이다. 돌이켜보면 안압지와 동궁터 발굴조사에 걸린 시간은 1975년 3월부터 1976년 12월까지 채 1년 9개월이 걸리지 않은 초고속 발굴이었다. 안압지와 동궁터는 약 5천 평에 달하는 넓은 연못과 궁터이다. 연못 조사에는 만 1년이 걸렸고 건물터 조사는 1976년 5월 10일부터 그해 12월 30일까지 7개월여 만에 모두 끝났다. 〈안압지 발굴조사 보고서〉에 기술한 것처럼 안압지의 발굴조사보다는 정화 사업에 더 비중을 두었기 때문이다. 3만여 점의 유물을 발굴했다지만 얼마나 많은 것을 알아내고 또 얼마나 많은 것을 놓쳤을지 짐작할 수 있다. 안압지 발굴은 신라 패망 천 년 이후 진공과 다름없는 상태였던 유물관을 아무런 준비 없이 열고 들어가 1년여 만에 대대적인 청소와 정화를 하는 우를 범한 것과 다를 바 없었다고 비유하는 학자들도 있다.

다른 예로 천마총 발굴은 1973년 4월부터 그해 12월 4일까지 8개월이 걸렸다. 유일하게 남아 있는 신라의 궁원宮苑과 동궁의 규모, 건축양식, 위치 등을 밝혀내는 발굴 작업을 한다면서 이처럼 서둘러 마무리했다. 이 일은 고고학, 특히 고대건축학을 연구하는 학자들 사이에서 두고두고 후회할 일이 아닐까 싶다. 당시 발굴자들에게 1985년에 시작해 지금까지 진행하고 있는 25년 동안의 월성 해자 발굴에 대해 설명하면 어떤 반응을 보일지 궁금하다.

이러한 전례와 실패 사례들은 우리 고고학계가 유적지 발굴에 더욱 조심스럽게 접근하도록 만들고 있다. 최근 월성에 대한 국민적인 관심이 갈수록 커지고 있는 것과는 별개로 아직 발굴을 위한 전체적인 여건이 조성되지 않았으며 현재 진행하고 있는 유적지 발굴도 인력과 예산 부족 등으로 곤란을 겪고 있으므로 어느 정도의 발굴 수준이 될 때까지 더 기다려야 할 것이다. 월성이 갖는 의미와 왕성터로 사용한 기간, 지하 유구의 확인 등을 감안하면 현재 우리가 보유한 기술 수준으로는 월성을 발굴하지 않는 편이 좋다는 의견 또한 대두되고 있다.

일부 전문가들은 월성 발굴은 경주시가 아닌 정부가 나서서 발굴을 전담할 기관을 만들어야만 가능한 일이라고 말한다. 현재 국립경주문화재연구소 수준으로는 불가능하다는 것이다. 유적지의 전문적인 발굴이 일반적인 호기심이나 국민의 관심 정도와는 별개라는 사실도 분명히 알아야 한다고 경고한다. 세계적으로 가치가 있으며 모두가 궁금해하는 유적을 당대에 모두 발굴하려는 것은 욕심이라는 의미이다.

월성은 단순한 선조의 산물이 아닌 현재를 살아가는 우리의 소중한 유산인 동시에 보존하고 계승해야 할 미래 후손의 유산이다. 이처럼 월성 발굴은 50년을 넘어 100년 이상까지도 내다보며 이루어야 할 국가적 차원의 사업이다.

잠자는 왕궁을 깨워라

월성 내부에 대한 학술적 조사나 관심과는 별개로 월성 왕궁의 옛 모습을 찾으려는 노력은 이미 오래전부터 다양한 방식으로 시도되었다. 이는 왕궁에 대한 끊임없는 호기심의 발로였을 것이다.

월성 주위를 발굴하고 복원하려는 노력 가운데 하나는 월성의 해자 발굴이다. 왕궁을 둘러싸고 있는 해자 발굴은 왕궁 복원 작업의 중요한 시작이다. 월성 해자에 대한 최초의 발굴조사는 1985년 9월 5일부터 1989년 12월 말까지 3차에 걸쳐 약 4년 동안 진행되었다. 이후 지금까지 해자 발굴 조사가 계속되고 있으니 발굴에만 25년이 넘는 세월이 흐른 셈이다. 현재까지는 성 외곽 지역을 중심으로 조사가 이루어졌으며, 아직 전 지역에 걸쳐 조사하지 못하고 있어 월성과 그 주변을 이해하는 데 걸림돌이 되고 있다. 해자와 관련하여 앞으로 해야 할 조사는 먼저 월성 해자의 전체적인 범위를 밝히고, 해자를 개별적으로 조사하여 변천 과정을 파악하는 것이다.

해자 발굴은 이렇게 시작되었다. 1984년 정부는 월성, 계림, 월정교터, 안압지, 첨성대 등의 역사 유적을 하나로 묶어 역사관광자료로 활용하려는 '월성대공원조성계획'을 마련했다. 이러한 계획 아래 성벽 외곽을 따라 시굴 조사가 이루어졌다. 조사 결과 월성 외곽 전반에 걸쳐 해자로 추정하는 개흙층을 확인했으며 각종 토기류와 와전류, 목간 등 삼국시대에서 통

월성 동북쪽 5호 해자.
월성 해자는 불규칙한 모양의 여러 해자가 성벽을 따라 이어져 하나의 큰 해자를 이룬다.

일신라시대에 이르는 유물이 다수 출토되었다.

발굴조사는 1985~1989년 1단계를 시작으로 1990~1995년 2단계 그리고 지난 1999년부터 현재까지 3단계를 진행하고 있다. 지난 1999년부터 진행한 조사에서는 기와류와 토기류 외에 개흙층에서 목간이 출토되어 발굴단을 놀라게 했다. 천 년이 넘는 오랜 세월 동안 나무에 새겨진 기록들이 생생하게 보존되었다는 사실에 모두 놀라움을 감추지 못했다. 월성 해자 발굴은 안압지 발굴에 이어 왕궁의 신비를 하나씩 벗겨나가는 중요한 과정의 하나로 볼 수 있다는 점에서 또 다른 의의가 있다.

천 년이 넘는 세월 동안 목간에 새겨진 기록들이 어떻게 그토록 생생하게 보존될 수 있었을까? 현장의 발굴 전문가들은 개펄 속에 빠진 유물은 물이 산소의 투과를 막기 때문에 녹이 덜 슬고 부식도 덜해 오랫동안 원상태로 보존될 수 있다고 설명한다.

목간과 문자는 월성 해자 발굴에서 무엇보다 귀중한 유물이다. 목간은 종이가 보편화되기 이전에 가장 널리 사용된 재료이다. 월성에서는 6~7세기 무렵에 사용된 목간 130여 점이 출토되었는데 적외선 촬영 결과 25점에서 먹으로 쓴 글씨를 확인했다. 왕의 명령이나 물품 구입과 관련한 행정문서 등 당시 시대상을 충분히 유추할 수 있는 소중한 유물이다.

안압지 유물이 그러하듯 해자 발굴 결과는 월성 내부 발굴에 대한 기대와 흥분을 더욱 자극한다. 경주 지역에서 출토된 수많은 기와는 당시 화려했던 대도시 서라벌의 모습을 상상하기에 충분한 건축재이다. 기록에 의하면 월성에는 강무전, 숭례전 등의 많은 건축물이 있었다고 한다. 월성 지

월성 주변과 월성 해자에서 출토된 각종 토기와 목간.
목간에는 왕명이나 행정문서의 내용이 적혀 있다.

월정교 다릿기둥과 북쪽 다리받침.
현재 길이 66미터 폭 9미터의 누교로 복원 공사 중이다.

역에서는 수막새와 암막새 등의 다양한 크기의 평기와, 동물 얼굴을 그린 수면와와 명문와 등 유물 다수가 출토되었다. 기와에는 특히 연꽃무늬가 많았다. 연꽃무늬 수막새는 꽃잎을 뾰족하게 처리한 고구려식과 부드럽고 둥글게 처리한 백제식, 고구려와 백제식을 혼합한 신라식 등으로 다양했다. 막새는 동일한 틀로 제작된 것이 많아 당시 기와가 대량으로 생산, 공급되었음을 알 수 있다.

월성의 잠을 깨우는 역사는 월정교 복원 사업을 통해서도 진행되고 있다. 신라의 궁성이었던 반월성 남쪽을 끼고도는 남천에는 규모가 큰 다리가 두 개 있었다. 700미터의 거리를 두고 세운 월정교와 일정교 두 다리는 사적 제457호로 지정되었다. 《삼국사기》에는 760년 궁궐 남쪽 문천(남천) 위에 월정교와 춘양교 두 다리를 놓았다는 기록이 있다. 춘양교는 고려시대에 일정교로 이름이 바뀌었고 월정교는 1280년(고려 충렬왕 6)에 중수했다는 기록이 남아 있다.

발굴 결과 월정교는 길이가 60.57미터이며 조사 당시 다릿기둥 사이에서 불에 탄 목재 조각과 기와 조각이 출토된 점으로 미루어 다릿기둥의 치마널이 누각(문과 벽이 없는 다락처럼 높이 지은 집)과 지붕으로 연결된 누교樓橋였을 것으로 추측했다. 남아 있는 다릿기둥 기초석의 크기는 길이 13미터 폭 2.8미터의 엄청난 규모였다. 또 다리받침과 다릿기둥의 기초석 크기를 측정해보니 다릿기둥의 높이가 6미터 다리받침의 폭은 13미터가 넘어 요즘의 4차선 도로 크기에 비견할 만한 큰 다리라고 할 수 있다.

복원 예산만도 235억 원을 투입하여 논란을 일으켰던 월정교는 지난

2008년 4월 원형 복원 공사를 시작했으나 예산 확보가 제대로 되지 않아 복원이 늦어지고 있다. 착공 4년여 만인 2012년 말에나 완공될 예정이다.

월정교가 왕경과 왕성을 이어주는 다리라면 일정교는 신라의 궁성인 월성에서 불국토인 남산으로 바로 연결되는 길이었다. 신라 왕과 귀족들이 일정교를 건너 남산의 도당산이나 포석정, 나정, 오릉 등을 찾을 때 이용한 다리였다. 경주시는 지난 2010년부터 월정교 복원 사업에 이은 2단계 사업으로 일정교 일대를 추가로 발굴하고 있다. 일정교 복원 이후 월성에서 월정교-인용사터-일정교를 잇는 신라의 옛길이 복원되면 왕궁 월성의 위상은 지금과는 완전히 달라질 것이다.

월성은 지금껏 왕성이었다고는 생각조차 할 수 없는 곳이었다. 해자 발굴 그리고 국내에서는 찾아보기 힘든 새로운 형태의 다리인 월정교 복원 사업은 사라진 왕성, 잊힌 왕궁을 되찾아내려는 노력의 하나이며 병풍처럼 둘러쳐진 소나무 사이로 잠자는 왕성을 불러 깨우는 작업이다. 월정교를 거쳐 왕궁으로 들어가 왕성을 둘러싼 해자를 바라본다. 그동안 퍼즐처럼 조각나 땅속으로 사라졌던 왕성과 왕궁이 다시 한 몸이 되어 눈앞에 펼쳐진다. 그 모습을 상상으로나마 복원해내는 일은 사라진 도시 서라벌을 찾아 나선 여정의 더없이 큰 즐거움이다.

월성은 신라 천년 고도의 중심 요새와도 같은 궁성이자 궁궐이었다. 더 이상의 지체 없이 한시라도 서둘러 월성의 과학적 보존과 정비를 시작해야 한다. 그와 함께 신라 왕경의 중심 궁궐로서의 실효성 있는 교육과 홍보는 물론이고 전담 기구를 조직하여 체계적인 월성 조사 연구가 이루어지도록

해야 한다. 현재 경주 지역 문화재 발굴조사는 국립경주문화재연구소가 맡고 있으나 월성의 발굴조사를 감당하기에는 인력이 턱없이 부족하다. 경주 지역의 발굴 현장만도 아홉 군데에 달하는 데다 아홉 명의 조사 인력으로 경주뿐 아니라 경상북도 지역의 유적 발굴조사까지 관할하는 열악한 실정이다. 곳곳에서 제기하는 주장처럼 월성의 발굴조사는 정부 차원의 발굴조사단을 마련해야만 가능할 것이다. 실제 지난 2년여 동안 월성의 기초 조사를 담당했던 국립경주문화재연구소 실무자들 역시 정부 차원의 '월성특별발굴조사단' 구성이 향후 남아 있는 중요한 과제라고 지적한다. 현재 경주시는 왕궁 복원의 기본 계획 수립에 앞서 월성의 성격을 어떻게 규명할 것인지 등의 중요한 선결 과제를 두고 월성에 조심스럽게 접근하고 있다.

경주 고분 155기

삶과 죽음이 공존한 도시

고대 도시 서라벌은 삶과 죽음이 공존한 도시였다. 서라벌 중심지에는 살림집과 무덤이 섞여 있어 사람들은 자연스럽게 무덤을 주거 공간의 일부로 인식했다. 삶 바로 옆에 죽음이 있었고 죽음 옆에 삶이 있었다.

서라벌의 무덤은 왕도 전체를 굽어보며 후손의 삶을 지켜주는 수호신처럼 위엄 있는 자태를 자랑했다. 왕 혹은 왕족의 일원으로 많은 권세를 누리며 살았던 사람들은 죽은 뒤에도 왕궁과 왕성을 떠나기 아쉬워한 듯 왕궁이 있던 월성을 가까이에 두고 크고 작은 무덤 속에 줄지어 누워 있다. 신라 왕족은 죽어서도 자신의 삶이 저승에서 지속되기를 간절히 바랐고 또 그럴 것이라 믿었다. 자신이 사용하던 수많은 물품은 물론 새로 만든 황금 장식품과 시중을 들던 사람들까지 함께 부장한 것을 보면 그들의 마음을 짐작할 수 있다. 신라는 불교를 숭상한 국가였으므로 삶과 죽음이 윤회하는 불교의 가르침을 굳게 믿었을 것이다.

한 도시, 그것도 한자리에 이처럼 거대한 무덤을 많이 만들어놓은 경우가 또 어디에 있을까. 학계는 고대 도시의 중심에 이처럼 거대한 고분군을 만드는 전통과 풍습은 오직 신라에서만 찾아볼 수 있는 독특한 현상이라며 이에 주목한다. 이집트 룩소르 '왕들의 계곡'에 고대 이집트의 죽은 왕들이 남아 있듯, 서라벌의 초대형 고분은 신이 된 왕들의 숨겨진 궁궐인 양 시대를 초월하여 즐비하게 늘어서 있다.

 대릉원 입구의 넓은 주차장을 메운 수많은 차량의 소음과 무질서한 모습을 뒤로 한 채 고분 사이에서 눈을 감고 전성기 서라벌의 모습을 떠올린다. 도시 곳곳의 사찰에서는 향내와 독경 소리가 흘러나오고 그 사이로 기와집들이 빼곡히 들어서 있다. 고도 한가운데에 월성이 우뚝 솟아 있고 그 앞 정북쪽에서 서쪽으로 약간 비켜선 자리에는 거대한 무덤들이 왕궁과 왕성을 비호하듯 늘어서 월성의 위엄을 더한다.

 이런 상상과 함께 서라벌의 고고학적 가치와 의미를 되새기는 한편, 그 끝에는 여러 의문이 떠오른다. 전체 고분의 수는 얼마나 되는 것인지, 도심지의 초대형 고분은 누구의 무덤인지, 발굴은 어디까지 진행되었는지, 발굴하지 않은 고분의 경우 미발굴의 이유는 무엇인지……서라벌 왕성에 얽힌 비밀 단서들을 찾아낼지도 모른다는 기대 때문에 유적 발굴은 항상 유혹의 대상이었을 것이다. 오늘날의 기술 수준이라면 옛날처럼 봉분을 파헤치지 않고도 어떤 유물이 매장되어 있는지 알아낼 수 있을 것이며 고고학적으로 귀중한 유물이 다수 출토될 경우 관광자원으로 이용할 수도 있다.

 여러 의문 가운데 머릿속을 떠나지 않는 의문 하나가 있다. 경주 155고분에 대한 것이다. 오래전부터 경주 고분을 이야기할 때면 어김없이 '경주 155고분'이라는 말을 들었다. 경주에 고분 155기가 있다는 말인가. 서라벌을 찾아 떠나는 여행은 자연스럽게 155고분에 대한 의문의 답을 찾는 길로 이어졌다.

 경주 소재 대학으로 국립경주문화재연구소로 그리고 국립경주박물관

멀리 남산을 배경으로 역대 신라 왕과 왕비, 귀족의 무덤 32기가 모여 있는 대릉원.

으로 관계자들을 만나보며 답을 찾아 나섰다. 하지만 당초 예상과는 달리 쉽게 답을 구하지 못했다. 다만 경주 고분의 현황을 한눈에 알아볼 수 있도록 일목요연하게 정리한 자료는 없다는 말만 들었다. 경주에는 수많은 고분이 있는데 거기에는 신라 고분만 있는 것이 아니라 고려, 조선 등 여러 시대의 고분이 있으며 왕릉과 일반 고분, 발굴한 고분과 발굴하지 않은 고분, 대형 고분과 소형 고분 등 실로 다양한 형태와 종류의 고분이 존재하기 때문이다. 게다가 세월이 지나면서 유실된 것이 있는가 하면 도로 건설 등의 대형 건설 사업으로 없어져버린 것 등 분류 작업 자체가 용이하지 않다고 설명했다.

국립경주박물관의 학예관은 경주 155고분에 대한 답을 바로 주지 못한 대신 그에 관한 자료를 찾아 보내주었다. 〈경주문화유적분포지도〉 두 권이었다. 〈경주문화유적분포지도〉는 2000년 이후 각종 개발 사업으로 인해 경주의 문화 유적 훼손 사례가 빈번히 발생하여 1997년에 발간한 〈경주유적지도〉의 증보판이 필요하다는 관련 학계와 연구자들의 요청에 따라 국립경주박물관이 다시 제작한 것이다.

문화재청에서는 전국 시군 지역에 산재하는 문화 유적을 종합적으로 정리하고 관리하기 위해 문화유적분포지도를 제작하고 있는데 경주시는 국립경주박물관에 학술 용역을 의뢰하여 2006년부터 2년 동안 경주시 일원 4개 읍, 8개 면, 13개 동을 조사하여 2008년 11월 〈경주문화유적분포지도〉를 간행했다. 〈경주문화유적분포지도〉는 선사시대에서 1945년까지의 국보와 보물, 사적 등 국가지정문화재는 물론 경상북도 지정문화재까지 모두 2368점에 달하는 경주 시내 유적을 일목요연하게 집대성했다. 유적 상태를 자세하게 조사한 유적 개요를 시작으로 1:10000 배율 지도와 함께 지역별로 GPS 좌표와 문화 유적의 통계와 분류, 사진도 제공하여 누구나 손쉽게 경주의 문화유산을 이해할 수 있게 만든 방대한 자료집이다.

    학예관은 고분 현황에 대한 답을 알아내기 위해서는 도록을 일일이 찾아보아야만 가능할 것이라는 메모를 동봉했다. 자료 몇 장으로 잘 정리되어 있을 것이라는 기대와는 달리 고분에 대한 의문을 해결하려면 예상 외로 많은 시간이 걸릴 것 같았다.

경주 고분 155기의 과거와 현재

　경주 지역에 분포하고 있는 신라 고분은 쉽게 시내와 시외로 구분할 수 있다. 현재 경주 시내 고분은 노동동·노서동 고분과 황남동·황오동 그리고 인왕동 고분군으로 나뉜다. 과거에는 모두 하나로 연결된 거대한 고분군이었다. 황남동·황오동과 인왕동 일대만도 33만 제곱미터가 넘는 것을 보면 고분군의 전체 규모는 지금으로서는 짐작하기 힘들 정도로 거대한 규모였을 것이다.

　경주 고분군 가운데 초대형 고분이 4기밖에 없는 서악동 고분군과 오릉을 제외한 나머지 고분들은 대부분 도심지에 밀집해 있다. 그 규모는 소형에서 초대형에 이르기까지 다양한데, 주로 대릉원과 노동동·노서동 지역에 밀집해 있는 초대형 고분은 직계가족의 묘처럼 가깝게 붙여 만들어 놓은 것이 독특하다.

　경주 155고분은 일제강점기인 1941년 조선총독부 박물관에 근무했던 일본의 고고학자 노모리 켄野守健이 당시까지 분구가 남아 있던 고총과 고분 155기에 개별 호수를 부여하고 지도에 표시한 데에서 유래한다. 그때 부여한 고유번호는 현재까지 그대로 적용하고 있으며 경주 고분이라 하면 경주 도심지에 산재한 155고분을 상징적으로 일컫는 말이 되었다.

　고분 155기는 대릉원이 있는 황남동과 황오동에 집중적으로 남아 있

1 노동동 고분군 2 노서동 고분군 3-1 황남동 고분군(대릉원) 3-2 황남동 고분군(월성로 고분군) 3-3, 4 황남동 고분군(동부사적지대)
4 황오동 고분군(쪽샘지구) 5 인왕동 고분군   ● 봉분이 남아 있거나 발굴한 고분   ○ 봉분이 유실된 고분

경주 155고분 분포도

대형 고분 18기가 보여 있는 노동동·노서동 고분군.
원래는 하나의 고분단지였으나 2차선 도로가 고분군을 갈라놓았다.

다. 황남동과 황오동에 110기가 밀집해 있고 조금 떨어진 곳에 45기가 있다. 황오동과 동해남부선 철로를 사이에 둔 인왕동에 고분 13기가 있으며 노동동과 노서동에는 비교적 큰 고분 18기가 모여 있다. 이후 노동동과 노서동 고분군은 왕복 2차선 도로가 고분군 사이를 지나가면서 노동동 4기, 노서동 14기로 나누어졌다.

고분 가운데 비교적 외따로 떨어져 있는 것은 월성 서쪽 계림 앞에 흩어져 있는 제28호와 제29호, 제30호, 제118호, 제119호 고분 5기이다. 대릉원에서 조금 더 떨어진 계림 서남쪽 포석로 옆으로는 한 왕가의 무덤으로 보이는 고분 9기가 모여 있다. 이 가운데 특히 제143호 고분은 남북으로 지름이 70.4미터이며 높이가 11.5미터인 대형 고분으로 지금까지 발굴조사한 적이 없어 더욱 궁금증을 불러일으킨다.

고분 155기 가운데 14기만이 조금 떨어져 있을 뿐, 141기는 한자리에 만들었다고 할 정도로 봉분이 가깝게 위치하여 왕과 귀족들의 대고분공원이라 부를 만할 정도이다. 계림과 가깝고 현재의 경주향교와도 가까운 제119호 고분은 봉분 두 개가 표주박처럼 연결된 쌍무덤(表形墳瓢形墳)으로 남쪽 분 높이 16미터 북쪽 분 높이 15미터 지름이 남북으로 85미터에 달하는 대형 무덤이다. 바로 옆 제118호 고분 역시 높이가 10.4미터로 비교적 봉분이 크다. 이들 고분은 모두 발굴조사한 적이 없는 것으로 기록되어 있다.

노동동 고분군은 월성을 중심으로 대릉원의 천마총이나 황남대총과는 태종로를 사이에 두고 서북쪽으로 거의 맞닿아 있다고 할 정도로 가깝다. 현재는 고분 1기와 고분터 2곳이 남아 있다. 남아 있는 무덤은 밑 둘레만도 250미터에 지름 82미터 높이 22미터로 우리나라에 현존하는 단일 무덤 가운데 가장 큰 무덤이며 봉황대라 부른다. 여기저기에 오래된 나무들이 잘 자라 고분이라기보다는 뜰 앞의 자그마한 동산처럼 보이기도 한다. 아직 발굴조사하지 않았으며 봉분의 정상 부분에 함몰 현상이 있어 돌무지덧널무덤(적석목곽분積石木槨墳)으로 보며 조성 시기는 5세기 말에서 6세기 초로 추정한다.

길옆 노서동 고분군에는 고분 14기가 있다. 여기에는 제130호 고분을 비롯하여 1921년 금관이 발굴되었던 금관총과 1926년 발굴한 서봉총, 호우총, 은령총, 쌍상총, 마총 등이 있다. 봉황대 서쪽으로는 서봉총과 금관총이 연결되어 있고 서봉총 바로 옆에는 봉황대와 비슷한 크기의 초대형 무덤이 하나 더 있다. 제130호 고분은 아직 피장자가 누구인지 알지 못해 이름 없이 식별번호만 붙어 있다. 이 고분은 동서 지름이 73미터 높이가 19.8미터로 봉황대와 크기가 매우 비슷하여 서봉황대라고 부르기도 한다.

봉황대와 인접한 금관총과 서봉총, 식리총에서 금관을 비롯해 금제 허리띠, 금동 말안장과 같은 귀중한 유물이 쏟아진 것으로 미루어볼 때, 세 무덤보다 훨씬 규모가 큰 봉황대 안에는 어떤 유물이 있을지 짐작하기조차 어렵다. 이는 봉황대가 고고학자는 물론 호기심 많은 관광객의 궁금증을 자극하는 이유 가운데 하나이다.

이들 155고분은 1941년 개별 호수를 부여한 지 70년이 지난 지금 어떤 모습으로 존재할지 궁금하다. 〈경주문화유적분포지도〉를 참고하여 고분 155기의 실태를 정리하고 기록이 애매한 10여 곳은 직접 현장을 찾아 확인

1921년 제128호 고분 금관총에서 발견된 최초의 신라 금관.
현재까지 신라 금관 5점이 추가로 발굴되었다.

했다. 분류는 크게 봉분이 유실된 고분과 현존하는 고분으로 나누었고, 다시 발굴의 유무로 자세히 나누어보았다.

　노모리 켄이 기록한 고분 155기 가운데 현재 봉분이 없는 고분은 제128호 금관총을 포함하여 90기이며 봉분이 제대로 남아 있는 고분은 65기이다. 절반이 넘는 고분에 봉분의 흔적이 없는 셈이다. 지금의 팔우정 로터리 주위에 있던 제1호 고분을 시작으로, 제2호, 제4호, 제5호가 모두 흔적 없이 사라졌다. 제1호 고분 자리에는 음식점이 들어섰고, 제2호 고분 자리에는 잡초가 무성한 밭이, 제4호 고분 자리에는 도로가, 제5호 고분 자리에는 건물이 들어서는 등 제1호부터 제18호 고분까지 온전하게 남아 있는 것이라고는 제3호 고분 하나뿐이다. 이처럼 월성로 고분군지구라고도 일컫는 쪽샘지구 일대는 해방 이후 민가가 들어서면서 고분 대부분이 훼손되어 불과 70여 년 만에 절반 이상이 없어졌다. 2000년 유네스코가 경주 대릉원지구를 세계유산에 등재한 것은 경주의 고분이 우리의 자랑임에 앞서 더 이상 훼손해서는 안 될 유산임을 세계에 알린 것으로 보아야 한다.

　노서동 길옆에 봉분 없이 초라한 모습으로 남아 있는 금관총 역시 우리 고분 발굴과 관리의 허점을 단적으로 보여주는 사례이다. 1921년 9월 노서리(현재의 노서동) 봉황대 주변 민가의 뒤뜰에서 금관이 발견되었다. 최초로 발굴한 신라 금관이었다. 금관총의 신라 금관 발굴은 일본은 물론 세계가 신라 고고학에 주목하는 계기가 되었다. 그러나 비전문가들이 발굴조사를 진행하는 바람에 고고학적인 가치가 있는 많은 자료를 잃어버리는 우를 범했다.

현재 금관총은 봉분이 거의 사라져 세워진 비석을 통해 금관총이 있던 곳임을 알 수 있다. 도로를 내면서 봉분의 상당 부분이 잘려나간 채 노서동 길 한쪽을 지키고 있다. 경주의 일부 고고학자는 무덤이 잘려나간 금관총을 그대로 두고 경주를 역사도시라 자랑하기에는 부끄럽다고 말한다. 신라 문화를 전 세계에 알린 계기가 된 중요한 고분이 이런 대접을 받고 있는데 하물며 다른 고분들은 얼마나 온전히 보존될 것인가. 한 예로 금관총 바로 옆에 있는 서봉총만 해도 봉분이 사라져 밑동 흔적만 겨우 알아볼 정도이다. 노서동 고분군 안쪽으로 들어가면 고분단지 바로 옆에 모텔이 줄지어 들어서 있다. 마치 고분이 모텔에 누워 있는 모습처럼 보인다. 이것이 천년 고도, 역사문화도시를 내세운 경주의 현주소이다.

고분, 과연 누구의 무덤인가

　앞서 말했듯 현재 경주 155고분 가운데 그나마 제대로 보존되고 있는 고분은 65기에 지나지 않는다. 봉분이 남아 있는 고분 가운데에는 이미 발굴한 것이 13기, 발굴하지 않은 채 봉분이 그대로 유지된 고분이 52기이다.

　도심에 위치한 발굴되지 않은 고분 52기는 과연 잘 보존되어왔을까. 오랜 세월 동안 도굴의 위험이 있지는 않았을까. 학계 전문가들은 도심에 위치한 고분이 기본적으로 도굴할 수 없는 구조로 만들어졌기 때문에 안전하다고 확신한다. 경주 외곽 산지에 위치한 굴식돌방무덤(횡혈식석실분橫穴式石室墳)은 도굴되었을 가능성이 크지만 도심의 고분은 돌무지덧널무덤이므로 구조적으로 도굴이 불가능하다고 한다. 대릉원 주변은 아주 오래전부터 민가가 조성되어 있어 도굴범이 밤 11시부터 새벽 4시 사이에 도굴을 마쳐야 하는데 고분은 작은 것이 지름 50~60미터, 큰 것은 지름이 100미터나 되기 때문에 그 시간 동안 도굴하기란 어려운 일이다.

　신라 고분에는 여러 양식이 있는데 돌무지덧널무덤이 가장 대표적이다. 대릉원의 무덤은 모두 이 양식을 따랐다. 이는 신라 특유의 묘제墓制로, 시신을 널(관棺)에 넣어 큰 나무덧널(곽槨)에 안치하고 그 옆에 갖가지 부장품인 껴묻거리를 함께 넣고 뚜껑으로 덧널을 덮은 다음 그 위에 사람 머리만 한 냇돌을 쌓아올렸다. 냇돌 바깥에는 빗물이 스며드는 것을 막기 위해

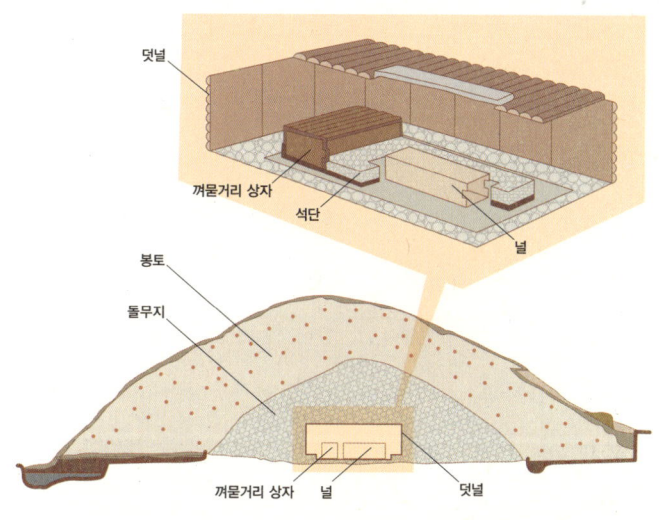

위 | 돌무지덧널무덤의 내부 구조.

아래 | 1974년 황남대총 발굴 당시 북분 내부. 덧널 주변에 수많은 냇돌이 쌓여 있다.

점토를 단단히 바르고 마지막으로 큰 봉토를 쌓았다. 신라 고분이 큰 것은 바로 이 봉토 때문이다. 이러한 양식의 묘는 시간이 지나면 나무덧널이 썩어 함몰하고, 그 결과 위에 있던 돌과 흙이 무너져내려 덧널 혹은 널 내부를 가득 채운다. 이런 상태에서 돌과 흙을 일일이 파내야 하기 때문에 도심의 묘를 도굴하는 것은 대단히 어려운 일이며 밤사이 도굴을 끝내기에는 시간마저도 부족하다. 도굴을 막기 위한 선조의 지혜 덕분에 경주 시내의 신라 고분은 도굴을 피해 지금까지 보존될 수 있었다.

이처럼 도심지 대형 고분은 구조적으로 도굴하기가 어려운 반면 규모가 작은 고분에서는 도굴 사례를 확인했다. 노서동 끝자락에 위치한 제133호 고분 마총과 제137호 고분 쌍상총은 높이가 3.6미터로 봉분이 비교적 작은데 지난 1953년 국립박물관(1972년 7월 19일 이후 국립중앙박물관으로 명칭 변경)에 의한 발굴 결과, 굴식돌방무덤인 이 두 고분은 완전히 도굴되었음을 확인했다. 이 신라 고분의 주인은 누구였을까. 대릉원의 대형 돌무지덧널무덤은 대체로 마립간기麻立干期 왕과 왕족의 무덤으로 추정하지만 각 무덤별 피장자가 누구인지에 대해서는 의견이 분분하다.

역사학계와 고고학계는 5세기에서 6세기 사이에 이런 고분이 계속해서 들어섰다는 사실을 흥미롭게 평가한다. 고분의 형식과 규모, 부장품의 양과 종류에서 드러나는 중앙과 지방의 현격한 차이는 삶과 죽음의 세계를 직선적으로 연결했던 신라인의 사고를 보여주는 것으로, 삶의 세계에 존재하던 중앙과 지방의 차이를 죽음의 세계에도 그대로 적용하려 했던 것으로 분석하기도 한다. 신라 역사학자들은 신라인의 세계관이 도시 안 무덤의 입지에 큰 영향을 미쳤으며, 무덤이 도시에 들어선 것은 6세기 훨씬 이전부터 시작되었던 것으로 본다.

고분의 위치는 6세기 중반을 지나면서 경주시 주변으로 바뀌었다. 무덤의 규모 역시 중형 정도로 작아졌으며 부장품 양도 대폭 축소되었다. 법흥왕의 뒤를 이은 진흥왕은 경주 시내에 무덤을 만들지 않았다.

왕궁 바로 앞에 대형 무덤을 만들던 5세기 전후 신라 사회는 철제 농기구와 우경牛耕의 보급, 수리 시설의 확충으로 농업 생산력이 빠르게 증대하던 시기였다. 농업 생산력의 발달은 농촌 사회의 계층 분화를 촉진하여 중앙 권력이 지방사회에 침투하는 바탕을 마련했다. 이 시기에 김씨 세습왕조가 성립했고, 연장자를 뜻하는 이사금에서 지배자[干] 가운데에서도 가장 우두머리를 뜻하는 마립간으로 국왕의 칭호가 바뀌었다. 국왕의 권력과 권위가 강해졌기에 가능한 일이었다. 과거에 비해 강한 권력을 누리게 된 신라의 최고 지배층은 집단 노동력을 동원하여 엄청난 규모의 무덤을 만들어 자신의 권력을 과시했다.

신라의 발전과 더불어 수도 서라벌도 발전을 거듭했다. 이에 따라 신라 왕경 한가운데에 만들었던 거대한 고분군은 더 이상 확장되지 못하고 5세기 말 이후에는 서서히 도시 외곽으로 자리를 옮겼다. 낭산 부근에는 진평왕릉, 선덕여왕릉, 신문왕릉이 있고 월성 동남쪽으로는 효소왕릉, 성덕왕릉, 원성왕릉(괘릉)이, 선도산 아래에는 무열왕릉 그리고 안강 방면에는 흥덕왕릉이 있다. 이처럼 왕릉은 세월이 흐르면서 서라벌 외곽으로 확산되어 나갔다.

위 | 경주 시내를 벗어나 선도산 아래에 자리한 무열왕릉.
봉분의 흙이 허물어지는 것을 방지하기 위해 설치한 둘레돌이 드문드문 보인다.

아래 | 봉토 주변에 석단을 쌓고 주변을 수호석으로 장식하는 등
통일신라의 능묘제도를 가장 잘 갖춘 흥덕왕릉.

신라의 왕릉은 왕 56명 가운데 37명의 능묘를 확인했거나 추정하고 있으며 왕 19명의 능묘는 아직 밝혀진 바가 없다. 그나마 현존하지 않는 고구려와 백제의 왕릉에 비해서는 신라의 왕릉이 많이 보존되고 있으나, 거의 확인하지 못했거나 신라의 왕릉이라 전하는 왕릉 37기 역시 왕의 무덤으로 보기에는 어렵다는 것이 학계의 공통 의견이다. 한 예로 조선 숙종 때《여지승람》이나《동경지》에는 왕릉 11기가 전해지지 않는다고 기술되어 있는데 영조 6년(1730) 이후 갑자기 왕릉의 수가 28기로 늘어난 것으로 기록됐으며, 조선시대 황정언이라는 사람의 자손이 어느 날 조상의 무덤이 진흥왕릉이 되어 있었다고 소송하는 일도 있었다. 또한 왕릉 가운데《삼국사기》에 제1대 박혁거세와 왕비 알영부인, 제2대 남해왕, 제3대 유리왕, 제5대 파사왕 등 초기 박씨 왕릉이라고 기록되어 있는 오릉(사적 제172호)은《삼국유사》에 이설異說이 있어 그 진위가 확인되지 않은 채 논란으로 남아 있다.

삼국시대 역대 왕은 고구려 28대(705년), 백제 31대(678년), 신라 56대(992년)로 가야나 삼한을 제외하고 삼국시대 천여 년 동안 105명에 달한다. 그러나 왕의 신원을 분명히 알 수 있는 무덤은 다섯 손가락에 꼽을 정도이다. 분명한 삼국시대 왕릉은 1971년에 발견된 백제 무령왕릉이 유일하다. 고구려의 장수왕릉과 광개토대왕릉 그리고 신라의 무열왕릉과 흥덕왕릉 외에 서너 개 고분만이 삼국시대 왕릉으로 확인되었다. 1961년 무열왕릉을 시작으로 1975년 경순왕릉까지 모두 31개 왕릉이 사적으로 지정되어 최소 9500제곱미터(희강왕릉)에서 최대 20만 5천 제곱미터(경애왕릉)의 경내가 보호구역으로 설정되었다. 지역적으로는 경기도 연천군에 있는 경순왕릉을 제외한 나머지는 모두 경주시에 집중하여 분포한다.

  신라 왕릉은 대부분 원형 봉토분이고 특별한 시설을 설치하지 않았으나 진골로서는 처음으로 왕위에 오른 제29대 무열왕릉(660년)에 이르러 봉분 전면에 비석을 세우고 봉토 밑에 자연석으로 둘레돌(호석護石)을 설치하는 등 신라의 능묘제도에 일대 변화가 일어났다. 무열왕 이후 약 30년이 지난 제31대 신문왕릉에 이르러서는 봉토 밑에 가공석으로 성을 쌓듯이 여러 단을 쌓아 올렸고 이후에는 석사자, 문석인, 무석인, 십이지신상 등 수호석으로 장식했다. 이처럼 통일신라 전후로 완비된 신라의 능묘제도는 이후 고려와 조선으로 이어졌다. 신라 왕릉은 학술적으로 발굴된 것이 없어 내부 구조는 물론 편년 등을 밝히는 데 어려움이 있다.

  경주시 남쪽 6킬로미터 남산 서쪽 기슭에 있는 신덕왕(916년)의 능은 신덕왕릉이라는 확증은 없으나 1935년과 1963년 두 차례에 걸쳐 도굴되어 내부가 드러났다. 왕릉 내부 벽면은 채색되어 있으며 그 시대의 다른 돌방무덤과 마찬가지로 부부를 합장했다는 것이 밝혀져 왕릉 연구의 좋은 자료가 되고 있다.

발굴과 도굴의 기록

 발굴된 고분과 도굴된 고분 그리고 외부의 손길이 닿지 않은 채 잘 보존된 고분에는 어떤 것이 있을까. 발굴 이후 현재 봉분이 제대로 남아 있는 고분은 제155호 천마총과 제98호 황남대총 등 13기에 지나지 않는다. 발굴 뒤 고분의 봉분이 그나마 제대로 남아 있는 것은 발굴 유물이 여느 고분과 달리 의미가 있고 특징이 있기 때문이다.

 경주 155고분은 발굴 이후 유실된 고분이 보존되고 있는 고분보다 훨씬 더 많다. 〈경주문화유적분포지도〉에 따르면 제1호 고분을 비롯해 제4호, 제5호 등 28기는 모두 발굴된 이후 봉분이 사라졌거나 유실되었다. 제126호 고분 식리총과 제127호 고분 금령총, 제129호 고분 서봉총 등은 어떤 이유에서인지 발굴 이후에도 봉분이 유실된 상태로 그대로 두고 있어 안타까움을 더한다.

 경주 지역 고분에 대한 발굴조사는 일제강점기 직전인 1906년 일본인 이마니시今西龍로부터 시작되었다. 처음에는 출토 유물이 빈약하여 큰 관심을 끌지 못하다가 1921년 우연히 발견된 금관총에서 금관이 발굴되고 금제 허리띠와 금은제 그릇 등이 나오자 신라 고분은 호화 유물의 보고로 인식되기 시작했다. 금관총 발견 이후 신라 고분에 대한 관심이 고조되면서 고분 발굴을 시작한 것이 1924년 금령총과 식리총이다. 금관과 금제 허리띠

1926년 10월 서봉총 발굴 현장.
스웨덴 구스타브 왕자가 발굴을 주도하며 직접 허리띠를 들어냈다.

외에 금방울 한 쌍이 발굴되어 금령총이라는 이름이 붙은 이 고분은 높이 4~5미터에 지름이 18~20미터인 돌무지덧널무덤이다. 신라 왕자의 무덤으로 추정하며 최대 고분인 봉황대 바로 앞에 식리총과 나란히 놓여 있어 봉황대의 주인과 밀접한 관계가 있을 것으로 추측한다. 출토 유물로 보아 5세기 말에서 6세기 고분으로 추정하며, 지금은 흔적만 희미하게 남아 있다.

식리총은 높이 6미터 지름 30미터 규모로 남자 귀족의 무덤으로 추정한다. 금속 용기와 칠기 토기, 마구류와 무기류가 출토되었고 금동제 신발이 발굴되어 식리총이라는 이름이 붙었다. 식리총은 금령총보다는 고분의 밑자락을 조금 더 남겨놓았지만 역시 큰 봉분은 없다.

노서동의 서봉총은 1926년 일본인이 토목공사를 하다가 발견했는데 마침 스웨덴의 구스타브 왕자가 일본에서 중국으로 가려던 차에 직접 방문하여 발굴에 참석했다고 해서 스웨덴瑞典의 서瑞와 금관의 봉황 장식에서 봉鳳자를 따서 서봉총이라 이름 붙였다. 하지만 현재 서봉총에는 봉분의 흔적만 평평하게 남아 있을 뿐이다.

노서동 제140호 고분 호우총은 1946년 5월 우리 손으로 처음 학술 발굴조사한 신라 왕족의 무덤이다. 이곳에서 고구려 광개토대왕의 이름이 새겨진 청동 항아리(호우壺杅)가 발견되었고, 항아리 밑바닥에 쓰여 있는 '을묘년'이라는 간지는 항아리 제작 시기가 415년임을 알려준다. 이를 통해 신라 내물왕과 눌지왕대에 고구려 세력이 신라의 내정에 간섭했다는 《삼국사기》의 기록이 사실로 증명되었다고 해석되기도 했다.

역사상 공식적으로 제대로 발굴한 고분은 1973년에 발굴한 천마총과

호우총에서 발굴된 광개토대왕 명문이 새겨진 청동 그릇.

1975년에 발굴한 황남대총이다. 대릉원의 대표 고분인 천마총은 발굴 이후 고분의 내부 구조를 자세히 볼 수 있도록 만들어놓아 국내외 관광객의 발길이 끊이지 않는다. 봉분의 높이가 12.7미터 봉분의 밑 지름이 47미터 정도의 고분으로 1973년 4월부터 12월까지 8개월 동안 발굴이 진행되었다. 당시 황남대총을 발굴하기 전 연습 삼아 시작한 발굴이었으나 발굴 결과 1400~1500년이라는 기나긴 세월 동안 잠들어 있던 값지고 찬란한 유물들이 한꺼번에 쏟아져 세상을 떠들썩하게 했다.

출토 유물은 대부분 순금으로 만들었으며 신분을 짐작하게 하는 마구류 등도 이전에는 출토된 적이 없던 진귀한 것이었다. 출토된 유물로 미루어 5세기 말에서 6세기 초 왕족의 고분으로 추정했다. 특히 천마총에서 출토된 금관은 금관총이나 금령총, 서봉총 등에서 출토된 금관보다 확연히 크고 장식도 화려하여 신라 금관을 대표한다. 또한 말다래(말을 탄 사람의 옷에 흙이 튀지 않도록 말안장 안쪽에 늘어뜨리는 기구) 뒷면에 하늘로 날아오르는 천마가 그려진 천마도가 발견되었다. 천마도는 신라 회화예술의 일면을 보여준다는 면에서 더욱 귀중한 자료로 평가된다. 천마도로 인해 제155호 고분은 천마총으로 불리게 되었다.

안압지, 월성 해자, 황룡사터, 감은사터 등 30여 년간 무려 200여 곳을 발굴한 김정기 전 국립문화재연구소장은 천마총에서 천마도를 발굴했을 때 놀라서 그 자리에 쓰러질 뻔했다고 회고한다.

"자작나무 껍질을 여러 겹 붙여서 그림을 그린 것인데, 목곽이 무너지고 그 위의

제155호 고분 발굴 때 함께 출토된 천마도는 신라 유일의 회화작품이다.
이 유물로 인해 제155호 고분은 천마총으로 불리게 되었다.

돌에 눌려 공기가 밀폐된 채로 1500년 동안 땅속에 있었다. 보는 순간 발굴해서는 안 될 유물이라는 생각이 들었고 잘못하다가는 내가 죽을 것 같았다."

조심스럽게 천마도를 들고 무덤 밖으로 나왔을 때 갑자기 마른하늘에서 폭우가 쏟아지고 천둥 번개가 쳤다. 발굴자들은 물론 경주 시민들까지 놀라 1500년 가까이 묻혀 있던 고분을 파헤친 것에 하늘이 노한 것은 아닌가 생각했다고 한다. 더욱 놀라운 것은 황남대총을 발굴할 때도 똑같은 일이 일어났다는 것이다. 발굴을 시작한 지 10여 개월 만에 중심 밑바닥에서 관곽(시신을 넣는 널과 나무덧널을 아우르는 말)이 드러나자 갑자기 하늘이 벌겋게 변했다고 한다. 당시 발굴에 참여했던 사람들은 아직도 그 일을 생생하게 기억한다. 고분 발굴과 갑작스런 기상 변화에 신비함을 넘어 공포까지 느끼기에 충분한 일이 잇따라 발생한 사건은 대릉원의 불가사의로 전한다.

황남동 제98호 고분인 황남대총은 경주 시내 고분 가운데에서는 물론 현존하는 삼국시대 고분 가운데에서도 가장 규모가 크다. 황남대총은 돌무지덧널무덤이며 봉분 두 개가 남북으로 이어진 쌍무덤이다. 원형에 가까운 무덤 규모는 동서 80미터 남북 120미터이며 남분은 높이가 22.2미터, 북분은 높이 23미터로 1973년부터 1975년까지 문화재관리국 경주고적발굴조사단의 발굴조사에 의해 남분이 북분보다 먼저 축조된 것으로 밝혀졌다. 황남대총 남분의 주인에 대해서는 내물왕(356~402년) 설과 눌지왕(417~458년) 설이 크게 대립하고 있어 앞으로 더 많은 조사와 연구가 뒤따라야 할 것이다.

황남대총에서는 고분 크기만큼이나 많은 부장품이 출토되었다. 금관과 목걸이, 옥 귀걸이, 허리띠 등의 장신구, 유리와 흙으로 만든 용기 등 장신구 1만 4469점, 무기와 갑옷 그리고 투구 3549점, 옹기 3380점으로 모두 2만 4900여 점의 유물이 출토되었다. 남분의 주인공은 예순 살 전후의 남성으로 밝혀졌으며 순장한 것으로 보이는 20대 여성의 유골 일부가 함께 발견되었다. 북분은 무기류가 적고 장신구류가 많은 데다 '부인대婦人帶'라는 명문銘文이 있는 허리띠 끝 꾸미개가 출토되어 부부 묘 가운데 부인의 무덤으로 분석되었다.

황남대총은 발굴에 관한 흥미로운 일화가 많다. 그중 하나는 황남대총 발굴을 맡았던 김정기 전 국립문화재연구소장은 고분 발굴을 반대하는 입장이었기에 어떻게 해서든 발굴을 하지 않으려고 했지만 뜻대로 되지 않았다고 한다.

"발굴과 분석 기술은 하루가 다르게 발전한다. 가장 크거나 오래된 유적은 될 수 있으면 발굴하지 않는 것이 좋다고 생각한다. 그래서 제98호 고분 발굴도 반대했다……제98호는 조그만 무덤이 모여 큰 산처럼 되었을 수 있다. 그러한 경우 나오는 유물도 없고 고분의 권위만 떨어뜨릴 수 있다고까지 둘러대며 반대했다……그래서 근처의 작은 고분부터 파 보자고 해서 시작한 것이 1973년 천마총 발굴이었다. 천마총의 발굴 성과가 시시하면 제98호 고분은 발굴하지 않고 보존할 수 있으리라 생각했다. 그런데 천마총에서 금관 등 예상하지 못한 유물이 쏟아져 나오면서 언론은 난리가 났다."

황남대총 출토 금제 장신구

1. 북분 출토 금목걸이   2. 북분 출토 금팔찌
3. 남분 출토 금반지   4·5. 북분 출토 금귀걸이

당시 청와대에서는 천마총보다 더 큰 황남대총에서 더 고귀한 유물이 출토되리라 기대했다. 학계에서는 황남대총의 유물도 크게 다르지 않을 테니 그대로 보존하자고 반대했지만 소용이 없었다.

"황남대총 발굴을 시작했으나 의외로 학계의 비난은 거세지 않았다. 천마총과 전혀 다른 돌무지덧널무덤이어서 형식 변화를 알 수 있었기 때문이다. 황남대총은 관곽 위에 돌을 쌓아 올린 것이 아니라 나무로 거푸집을 짜서 먼저 돌을 채워놓은 뒤 안쪽에 목곽을 넣은 형식이었다. 그리고 2만여 점의 유물도 쏟아져나왔다."

신라 고분과 금관은 서로 밀접한 관계로 금관은 신라 고분의 상징처럼 따라다녔다. 신라 고분에서 출토된 금관은 지금까지 모두 6점이다. 금관총을 시작으로 서봉총, 금령총, 천마총, 황남대총의 금관 5점은 전형적인 금관이며 교동 금관은 별개로 분류한다. 경주 교동에서 출토된 금관은 전통적인 금관에 비해 크기가 매우 작아 금령총 금관과 마찬가지로 소년의 것으로 추정한다. 이 금관은 도굴된 뒤 압수한 것이어서 정확한 출토 시기나 상태 등을 알 수 없어 학술 자료로 활용하기 어렵다. 게다가 신라 금관의 전형적인 형식인 출(出)자형에 가까운 나뭇가지 모양이나 장식이 거의 없어 예외로 분류한다.

지금까지 금관이 출토된 고분은 5세기 후반에서 6세기 전반의 무덤으로 추정한다. 이 시기 신라는 눌지왕, 자비왕, 소지왕, 지증왕이 통치했다. 왕보다 많은 금관이 출토된 것으로 보아, 왕비나 다른 왕족도 금관을 사용했다고 추정하는데 여성의 무덤인 황남대총 북분이나 15살 전후 아이의 무덤인 금령총에서 금관과 금제 장식품이 출토된 것 역시 이를 뒷받침한다.

왕족이 자신의 신분을 드러내기 위해 금관을 소유하거나 부장했다는 주장도 있다. 신라 금관을 연구하는 일부 학자에 따르면 금관은 장식이 많은 데다 착용하기에는 약해 실용품으로 보기는 어렵다. 금관총에서 출토된 금관에는 장식이 달리지 않은 채 구멍이 뚫려 있는데 이를 보면 실제 착용을 위해 금관을 제작한 것이 아님을 알 수 있다. 또한 무덤 발굴 당시 금관이 피장자의 이마가 아닌 턱 아래까지 내려와 얼굴 전체를 감싼 모양으로 보아 금관이 주요 부장품 가운데 하나라고 주장하기도 한다. 이승과 저승을 이어주는 상징인 나뭇가지와 사슴뿔, 새 등을 금관에 표현한 것 역시 금관이 부장품이라는 주장을 뒷받침한다.

금관과 같이 값진 유물이 부장되어 있는 신라 고분은 오래전부터 도굴범들을 유혹해왔다. 학계는 경주 시내의 대형 고분이 구조적이고 환경적인 요인으로 인해 도굴되지 않았다고 주장하지만, 경주 지역은 도굴범의 천국이었다. 국가지정문화재 200점을 비롯해 도지정문화재와 비지정문화재 등 모두 400여 점이 넘는 문화재가 25개 읍·면·동에 산재하지만 그를 관리하는 인력은 사적감시원과 청원경찰을 합쳐도 40여 명에 불과하여 218제곱킬로미터 범위의 경주 지역 문화재를 제대로 관리하기란 불가능하다.

지금까지 밝혀진 중요문화재 도굴 사례를 살펴보면 1966년에 국보 제21호 불국사 석가탑, 국보 제39호 현곡면 나원리 5층 석탑, 강동면 안계리 고분군 200여 기가 도굴되었고 1977년에는 황남동 고분군 30여 기가 도굴되었다. 일제강점기 이후 지금까지 왕릉 도굴 사례는 모두 14건으로 기록되어 있다. 1926년 원성왕릉이 일본인들에 의해 도굴된 것을 시작으로 효소왕릉, 신덕왕릉, 성덕왕릉, 애장왕릉, 선덕여왕릉 등이 일제강점기에 도굴되었다. 사적 제30호 흥덕왕릉은 1967년부터 1969년 사이에 네 차례에 걸쳐 도굴되었으며 민애왕릉은 세 차례, 효소왕릉과 김유신 묘는 두 차례 도굴되었다. 1993년 7월 문화재관리국은 제49대 헌강왕릉이 완전히 도굴된 것을 확인했고 1997년 8월에는 진덕여왕릉이 완전히 도굴되었음을 확인했다. 왕릉과 사적지 고분군 등의 경주 지역 도굴 사례는 지금까지 조사되거나 알려진 것만 30여 건 정도이나 실제로는 이보다 훨씬 더 많을 것이다.

고분 발굴의 현주소

위용을 자랑하던 신라 고분은 신라의 패망과 함께 사람들의 관심 밖으로 밀려났으나 금관총 발굴 이후 화려한 출토 유물을 통해 다시 관심을 되찾았다. 앞서 언급했듯 사람들은 호기심을 가지고 아직 발굴하지 않은 고분의 발굴을 기대하지만 훼손이 불가피한 경우에만 발굴을 진행한다는 고고학계의 입장은 단호하고 분명하다. 기존에 발굴한 고분에 관해서도 제대로 연구하지 못하고 있는 실정에 또 다른 고분을 발굴한다는 것은 말이 되지 않는다는 의견이다. 이러한 학계의 입장을 잘 보여주는 예가 있다.

2009년 12월, 한 학예사가 국립중앙박물관 정리실의 행정봉투 안에서 뼛조각을 발견했다. 그것은 1971년 무령왕릉에서 발굴한 왕과 왕비의 뼛조각이었다. 20세기 한국 고고학의 최대 발굴 성과로 꼽히는 무령왕릉 발굴은 당시에도 졸속 발굴로 거센 비난을 받았다. 도로 배수로를 공사하던 가운데 우연히 발굴된 무령왕릉은 17시간 만에 조사와 유물 수습을 마무리했으며 1973년에 발표한 발굴 보고서는 실수투성이에 부실하기 짝이 없다는 지적을 받았다. 거기에 발굴한 지 38년이 지난 뒤에야 중요한 유물인 왕과 왕비의 뼛조각을 발견했다는 것은 국립박물관이 출토 유물조차 제대로 파악하지 못했다는 비난을 받기에 충분했다.

국립공주박물관 관계자는 "〈무령왕릉 발굴 보고서〉를 새로 작성하기 위해 보관 중이던 출토 유물을 재조사하는 과정에서 사람의 정강이뼈 네 조각을 발견했다"고 밝혔다. 무령왕릉은 순장한 흔적이 없기 때문에 무령왕이나 왕비의 뼛조각으로 추정했다. 고고학계는 방사선탄소연대측정, 동위원소분석, 유전자분석 등을 실시해 사인이나 성별, 건강 상태, 사망 당시 연령과 신장 등을 밝힐 수 있으며, 특히 백제 왕족의 계보와 같은 무령왕 관련 내용을 밝히는 데 도움이 될 것이라 기대했다.

이뿐만이 아니다. 1971년 7월 8일에는 안전을 이유로 무령왕릉의 유물을 하룻밤 사이에 모두 들어내는 '왕릉 발굴의 참사'가 벌어졌다. 역사상 처음으로 주인이 확실한 백제 왕릉을 온전하게 발굴하자 전국에서 전문가를 비롯하여 많은 사람이 몰려들었다. 빨리 유물을 공개하라는 그들의 요구에 당시 김원룡 국립박물관장은 대책 회의 끝에 벼락치기 반출을 결정했다. 네 명이 두 조로 나누어 밤새 유물 수천 점을 발굴했고 유물 파편이 흩어진 바닥을 쓸어 문제의 뼛조각을 봉투 세 장에 대충 담아 국립박물관으로 직송했다. 당시 발굴조사단의 일원이었던 조유전 경기문화재연구원장은 "구경꾼이 몰려들면서 다급해진 발굴단은 큰 유물만 대충 수습하고 나머지는 바닥에 엉킨 풀과 함께 자루에 쓸어 담아 나왔다"고 회고했다. 당시 우리나라의 문화재 발굴 수준을 짐작할 수 있는 발언이다.

대형 고분의 발굴에 얽힌 이 같은 일화는 흘려들을 이야기가 아니다. 기존에 발굴한 왕릉도 제대로 연구하지 못하는데 고분을 새로 발굴하는 것은 일고의 가치도 없다는 학계의 뜻을 대변한다. 이를 통해 역사학자와 고고학자들이 고분 발굴을 반대하는 이유를 조금이나마 이해하게 되었다.

위 | 백제 고분 6기로 이루어진 공주 송산리 고분군 전경.
아래 | 송산리 제6호 고분인 무령왕릉의 발굴 당시 내부.
　　　왕릉 입구인 널길에 서수와 매지권이 놓여 있다.

물의 도시 서라벌

고대 도시와 물

　물은 생명이요 힘의 원동력이다. 인류 역사를 보면 물이 얼마나 중요한 역할을 했는지 잘 나타난다. 나일 강 하류의 비옥한 토지를 바탕으로 이집트 문명이 탄생했듯 인류 4대 문명의 발상지인 황하, 메소포타미아, 인더스 문명은 모두 어머니의 젖줄과도 같은 큰 강을 끼고 문명의 꽃을 피웠다. 강은 생명이고 문명의 시작이었다. 특히 도시와 물은 더욱 밀접하여 도시에서 물은 생명력이요, 성장과 번영을 위해 없어서는 안 될 가장 중요한 환경 요소 가운데 하나였다. 도시와 물의 이 같은 관계는 고대 도시이건 현대 도시이건 차이가 없다.

　현대에 이르러서 '물과 도시'는 오히려 더욱 중요한 관계로 이어진다. 수많은 사람들이 모여 사는 도시에서 물은 무엇보다 중요하며 갈수록 더욱 중요한 환경 요소가 되었다. 물이 없는 도시는 상상할 수 없으며, 물이 부족한 도시는 도시로서의 생명력이나 경쟁력이 없다고 할 수 있다. 물 소비가 늘어남에 따라 현대 도시는 더욱 물에 의존하고 그 중요성을 절실하게 느끼고 있다.

　전 세계적으로 보면 한 나라의 중심, 수도는 어김없이 큰 강을 끼고 있다. 영국 런던의 템스 강을 비롯해 프랑스 파리의 센 강, 미국 경제의 중심지인 뉴욕의 허드슨 강, 이탈리아의 천 년 수도 로마에도 테베레 강이 유유히 도심을 흐르고 있다. 우리나라의 수도 서울을 지키는 든든한 젖줄 한강 또한 600년이 넘는 오랜 세월 동안 도도히 흐르고 있다. 전쟁의 폐허를 딛고 일어선 우리나라의 눈부신 경제성장을 한강의 기적이라고 이야기하는 것도 강이 갖는 의미와 중요성을 함축적으로 표현한 것이리라.

고대 도시와 강의 관계는 어떠했을까. 농업에 기반을 둔 고대 도시는 현대 도시보다 훨씬 더 물에 의존했을 것이다. 고대 도시 대부분이 자연스럽게 큰 강을 끼고 형성된 것을 보면 그 이유가 더욱 극명해진다. 고대 도시에서 물은 도시를 형성하는 데 가장 중요한 요소였을 것이다.

이탈리아와 그리스의 고대 도시에서는 당시로서는 놀라운 수준의 치수·수도 시설을 갖춘 유적이 잇따라 발견되었다. 도시에는 물을 관리하는 별도의 조직이 있었으며 책임자는 비교적 높은 지위를 누렸다는 기록도 있다. 현재에도 생생하게 남아 있는 로마나 폼페이의 목욕·사우나 시설을 보면 당시에 물이 얼마나 중요했는지 충분히 짐작할 수 있다.

그렇다면 우리의 고대 도시 경주, 서라벌은 어떠한가. 동서와 남북 각 5킬로미터의 왕경 안에서 17만 8천 호에 달하는 사람들이 모여 살기 위해서는 무엇보다 충분한 물이 공급되어야 한다. 경주는 천 년의 세월 동안 수많은 사람들이 집단으로 주거지를 형성하고 수도의 지위를 누린 곳이 아니었던가. 물이 없어 생활하기에 불편한 도시를 사람들이 그토록 오랫동안 지킨 역사는 없다.

이러한 궁금증을 갖게 된 것은 현재 경주가 물이 없이 황량하기 때문이다. 경주 도심을 흐르는 하천은 사시사철 바닥을 드러낸 채 관광객을 맞이한다. 경주의 서라벌 왕경 발굴에서 이에 대한 작은 답 하나를 얻을 수 있다. 신라는 삼한을 통일한 이후 인구의 집중화가 가속되자 골품에 따라 주거지 면적을 철저하게 제한했는데, 용지난 속에서도 다닥다닥 붙은 왕경 내 주거지에서는 집집마다 우물이 발견되었다. 게다가 우물의 깊이는 모두 깊지 않았다. 경주는 그렇게 많은 가옥이 우물을 파고 물을 사용할 수 있는 도시였다.

현재 경주에서 물이 많았을 지역의 흔적을 찾아보기란 쉽지 않다. 우선 경주 시내를 흐르는 제일 큰 강이라 할 수 있는 형산강은 강이라 보기에는 너무 작고 수량도 적어 시내 정도로밖에 보이지 않는다. 강의 길이가 63.3킬로미터, 그나마 경주를 관통하는 부분은 27.1킬로미터에 불과하다. 형산강은 울주군 두서면에서 복안천伏安川이라는 이름으로 발원, 북류하여 대천, 남천 등과 합하며 경주시를 지나 안강읍 동쪽으로 흐른 뒤 북동쪽으로 방향을 꺾어 포항시를 관통하고 영일만으로 흘러나간다.

우리나라 강은 대부분 북에서 남으로 흐른다. 그러나 형산강은 남쪽에서 발원하여 북쪽으로 흐른다. 일부 사람들은 여기에 각별한 의미를 둔다. 경주에는 삼국시대에 군사력이 강하지 않은 신라가 삼국을 통일할 수 있었던 이유가 풍수지리로 볼 때 북으로 흐르는 형산강의 기운 때문이라는 이야기가 전한다.

한강의 법정 하천 연장 405.5킬로미터와 비교하면 63킬로미터의 형산강은 매우 초라하며 강물이 미치는 유역 면적도 한강과는 비교할 수 없을 정도로 작다. 이처럼 크지 않고 지류도 많지 않지만 형산강은 유역에 비옥

경주 시내의 산과 하천

한 지구평야를 발달시켰고 예나 지금이나 경주와 포항의 젖줄 역할을 한다. 그러나 현재 형산강은 초라한 모습으로 남아 있을 따름이다.

오래전부터 발굴 작업이 진행되고 있는 월성 해자에서도 물은 찾아볼 수 없다. 박물관 남쪽으로 해자 일부를 발굴 복원해놓았으나 왕성 주위로 물길이 방어벽처럼 둘러친 해자를 떠올리기에는 부족하다. 방어용 해자로 보기엔 초라하고 폭도 좁아 해자가 아니라 성 주위에 큰 연못을 만들어 연결한 수로였다고 주장하는 학자도 있다.

국립경주박물관 쪽 남천도 물이 없기는 마찬가지다. 왕성을 휘감아 도는 남천은 북천과 더불어 서라벌의 3대 주요 하천 가운데 하나로, 월성에서 형산강 합류 지점까지 물길이 3킬로미터 폭이 70미터 가까이 되는 하천이었으나 지금은 곳곳에 바닥이 드러나고 잡초가 무성한 모습으로 변했다. 월정교와 일정교가 놓였던 하천이라 믿기 힘들 정도로 볼품없다.

명색이 왕궁을 감돌던 하천인 남천이 이처럼 방치되자 경주시는 뒤늦게나마 남천과 주변 지역 정비에 나섰다. 박물관 뒤쪽에서 형산강 합류 지점까지 3킬로미터에 걸쳐 수로를 정비하고 일부 오수관로는 이설했으며 통신주를 지하에 매설하는 지중화 작업을 하는 등 대대적인 경관 정비 사업을 벌였다. 이를 통해 하천 모양새는 나아졌을지 모르나 하천의 수량은 여전히 확보하지 못한 상태이다.

월성 내부는 어떠한가. 약 20만 제곱미터에 달하는 넓은 부지는 연못이나 우물 하나 없이 바싹 말랐고 왕궁이 있었음직한 넓은 구릉지에는 제대로 된 나무 그늘 하나 없다.

이제 경주는 더 이상 물의 도시가 아니다. 경주에서 물을 제대로 볼 수 있는 곳이라고는 인공적으로 만든 보문호 주변 정도뿐이다. 그러나 보문호의 수량 역시 넉넉하지는 않으며 갈수록 물이 줄어들고 있다. 도심에서 보문단지 방향을 따라 이어진 북천 역시 장마 기간을 제외하고는 거의 연중 바닥을 드러내고 있다. 게다가 운동·놀이 시설이 들어서서 하천의 기능을 상실한 지 오래다. 북천의 범람을 막기 위해 제방을 높이 쌓고 나무를 심었다는 기록을 믿을 수 없을 정도이다.

당시 서라벌 사람들은 어떻게 물 문제를 해결하며 천 년 왕도의 번영을 구가했을까. 그들의 생활을 가능하게 했던 물은 모두 어디로 갔을까. 수많은 사람들이 사용하여 고갈된 것일까, 몇 차례의 지진으로 지리적 환경이 급격히 변화하여 사라진 것일까. 도시 번영의 필수 불가결한 요소인 물이 고갈되면서 천 년 왕도 경주가 쇠락해간 것은 아닐까. 인간이 모여 사는 '도시'라는 공간도 유기체처럼 수명이 있는 것은 아닌지 생각하게 된다.

이러한 의문은 단순히 경주에만 국한한 것이 아니다. 갈수록 집중·과밀화되고 있는 현재 서울과 수도권의 인구 집중은 어디까지 계속될 것이며 어디까지 가능할까. 극단적인 수도 집중화 현상 아래 한강은 언제까지 넉넉한 모습으로 서울을 지킬 수 있을까. 조금은 부질없는 의문이 이어진다.

물의 도시 서라벌

서라벌은 분명 지금의 경주와는 판이한 모습이었을 것이다. 역사 기록을 살펴보면 서라벌이 물이 풍부한 도시였다는 사실을 어렵지 않게 확인할 수 있기 때문이다.

서라벌은 지질학적으로 퇴적층 위에 형성된 도시이다. 남산, 낭산, 월성 등 자연 지형이 남아 있는 곳을 제외하면 평지 어느 곳을 파 보아도 모래와 자갈이 섞인 흙이 나온다. 경주는 북천, 남천, 대천 등이 합류하여 북쪽의 형산강으로 흘러들어간다. 형산강은 대천, 남천, 북천 등 아홉 지류로 이루어져 가장 넓은 유역 면적을 형성하는 강으로 과거에는 큰비가 내리면 짧은 형산강 본류에 지류의 빗물이 모여 하류가 범람하는 일이 빈번했다고 한다. 경주는 여러 하천이 만나는 곳일 뿐만 아니라 하천에 둘러싸여 있어 하천이 범람하는 일이 많아 항상 홍수의 위험을 안고 있는 지역이었다.

경주의 지리적 특성을 살펴보면 낭산을 중심으로 사방이 산으로 둘러싸인 분지이다. 현재 경주 시가지를 중심으로 동쪽으로는 토함산이 솟아 있고 남쪽으로는 남산이 있다. 서쪽으로는 옥녀봉과 선도산이 있다. 북천과 남천, 형산강이 동서와 남북으로 흐르며 넓은 퇴적지가 발달했다. 신라가 천 년 동안이나 경주를 도읍으로 정한 것은 선대先代의 발상지이기도 하지만 비옥한 토지와 분지라는 자연적 요새를 갖추었기 때문이기도 하다.

금장대에서 내려다본 형산강.
북천과 합류하는 지점으로 강폭과 수량이 넉넉하다.

이러한 지형적 이점에도 서라벌은 동쪽을 제외하고는 서·남·북 세 방향이 하천으로 둘러싸여 있는 데다 중심지가 평지 한가운데에 위치하여 수해가 잦을 수밖에 없었다. 우리나라는 예로부터 농업 국가였기 때문에 홍수나 가뭄에 대한 기록이 자세하다. 역시 홍수에 관한 기록이 많은 《삼국사기》에는 아사달왕 7년(160) 4월에 폭우가 내려 알천(북천)의 물이 넘쳐 집들이 표류했으며 금성 북문이 저절로 무너졌다는 등 서라벌 범람에 관한 기록이 있다.

당시 북천은 서라벌을 지키는 수호신이자 생명의 원천 같은 존재였다. 북천변에 사찰을 많이 건립한 것도 단순히 범람을 막기 위한 노력만은 아니었다. 신라사에 어려울 때 힘을 얻고 자연의 기운을 받는 곳이 북천이라 기록되어 있는 것만 보아도 북천은 왕경 서라벌을 지키는 중요한 강이었다.

신라에서 북천의 중요성은 강이 왕을 바꾼 일화에서도 엿볼 수 있다. 선덕왕대 상대등이었던 김경신은 혜공왕 시절의 혼란 속에서 살아남은 것이 순전히 하늘의 뜻이라 여기고 기회가 있을 때마다 북천의 발원지를 찾아 기도를 올렸다. 784년 아들이 없던 선덕왕이 노환으로 쇠약해지자 귀족들은 저마다 왕위를 노렸다. 그들은 하나같이 선덕왕의 임종을 기다리며 왕궁을 지켰으나 왕은 쉽게 세상을 떠나지 않았다.

반면 혜공왕을 직접 모시는 집사부의 장관 시중이었던 김주원은 혜공왕이 죽고 선덕왕이 즉위하자 왕실 혈통에 따라 최고의 재상인 상재상上宰相의 자리에 올랐고 왕위 계승 서열 1위가 되었다. 그는 당연히 자신이 왕위에 오르리라 확신하고 북천 너머에 있는 자신의 집으로 잠시 쉬러 떠났다. 선덕왕은 785년 1월 13일 임종했다. 비가 내리는 날이었다. 왕위 계승을 위한 화백회의를 소집했으나 왕경에서 20리, 약 8킬로미터 떨어진 집에 머물고 있던 김주원은 회의에 참석할 수 없었다. 내린 비로 순식간에 북천 물이 불어나 다리가 떠내려갔기 때문이다.

 왕의 임종을 끝까지 지켰던 김경신은 평소 자주 제사를 올렸던 북천의 신이 자신을 도와 천재일우의 기회를 주었다고 믿었다. 《삼국사기》에 "임금의 큰 지위란 본디 사람이 어떻게 할 수 있는 것이 아니다. 하늘이 김주원을 왕으로 세우려 하지 않은 것이 아닌가"라고 기술했을 정도로 신라는 물과 하늘, 이른바 자연의 뜻을 무엇보다 소중하게 믿고 받들었다. 사람들은 김경신을 하늘이 점지한 왕이라 생각했다. 김주원은 앞서 혜공왕이 피살될 때도 왕의 곁을 지키지 않았으며 반란 무리를 진압할 때도 공을 세우지 못했다는 이유로 비난을 받았다. 이로써 김경신은 자연스럽게 왕위에 올랐다. 그가 바로 신라 제38대 원성왕이다.

 하천 양쪽에 제방을 쌓으면서 폭이 좁아진 데다 바닥마저 드러난 지금의 북천을 보고 있노라면 하천 물이 넘쳐 왕이 뒤바뀌었다는 이야기는 머나먼 전설처럼 들린다. 과거 경주에서는 조금만 땅을 파도 물을 볼 수 있어 경주 시내를 발굴할 때는 항상 양수기를 동원해야 했다. 이는 이 지역이 주로 모래로 된 토양으로 지하수의 높이가 높다는 것을 뜻하는데 이런 토양은 주로 과거에 하천의 영향을 많이 받은 지역에서 나타난다. 사질 토양은 대부분 하천의 퇴적작용으로 형성되기 때문이다.

 〈황룡사 유적발굴조사 보고서〉를 보면 당시 왕경 안에 물이 얼마나 많

월성 성벽을 따라 굽어 흐르는 남천.
자연스럽게 월성의 남쪽 해자 역할을 수행했다.

았는지 짐작할 수 있다. 보고서에 따르면 황룡사터의 토양은 크게 성토층과 생토층으로 나뉜다. 성토층은 인위적으로 흙을 쌓은 토양층이고 생토층은 자연적으로 형성된 것이다. 발굴 결과 성토층은 갯벌토층과 흑색니토층으로 밝혀졌다. 두 토양층은 모두 오랫동안 작은 입자의 흙이 쌓여 만들어진 진흙층이다. 황룡사터는 물이 고여 있는 연못과도 같은 곳이었다. 이는 사찰 건립 당시 황룡이 하늘로 날아갔다는 설화와 연결되는데, 황룡은 연못처럼 물이 있는 지역에서 나타나는 상징물이다.

생토층에서는 모래층과 자갈층이 발견되었다. 모래나 자갈은 하천의 퇴적작용에 의해서만 형성된다. 이를 통해 이곳이 하천의 영향을 받던 지역이었음을 알 수 있다. 이러한 토양층의 발견은 이 지역에 퇴적작용이 지속적으로 이어졌다는 사실도 증명한다. 발굴조사 결과 현재 황룡사터는 원래의 생토층 위에 3미터 이상의 성토층을 매립해 인위적으로 만들었다는 사실이 밝혀졌다. 8만 2천여 제곱미터에 달하는 광활한 황룡사터는 현재 황량한 모습으로 남아 있다. 과거 황룡사터가 드넓은 연못이었다면 분명 지금의 경주와는 다른 모습으로 다가올 것이다.

인위적으로 둑을 쌓기 전 경주 시내는 사람이 살기에 적당하지 않은 곳이었다. 홍수가 나면 수시로 북천의 물이 넘쳐 분황사와 황룡사에서 월성 북쪽에 이르는 지역 여기저기에 습지가 형성되었다. 일부 역사학자는 경주 외곽에 홍수로부터 좀 더 안전한 지역이 많았음에도 굳이 이 지역에 대규모 집단 주거지를 만든 이유를 쉽게 이해하기 어렵다고 말한다. 하지만 농경사회에서 물이 풍부한 지역을 주거지로 삼은 것은 자연스러운 결과였

서라벌 역사에서 가장 많은 사연을 간직한 북천.
지금은 덕동댐과 보문호로 인해 건천과 다름없이 수량이 줄었다.

을 것이다. 현재 북천변 도로 남쪽에는 도로보다 낮은 지대가 형성되어 있다. 제방이 만들어지기 전에는 하천이 이어졌을 것이다. 이 지역을 답사하면 북천변 둑 남쪽의 물은 대부분 황룡사터 서쪽 양지 뜰에서 안압지 북쪽과 월성 북쪽을 거쳐 계림에서 월성 서쪽을 돌아 남천으로 들어간다.

대릉원을 중심으로 대규모 고분이 들어선 지역은 북천의 범람으로부터 상대적으로 안전한 곳이었지만 홍수의 위협으로부터 완전히 자유롭지는 못했다. 경주의 지형은 낙동정맥 동쪽 사면에서 동해 영일만으로 흘러 들어가는 형산강이 만드는 저지대와 울산만으로 흘러들어가는 태화강의 지류인 동천이 만드는 저지대가 연결되어 형성되었다. 경주는 해발 100미터의 저지대와 100~200미터 사이의 구릉지가 대부분이다. 초기 왕경은 하천과 산 등의 자연적 장애로 인해 이 지역 안쪽에 도시를 형성했을 것이며 최전성기가 되어서야 하천 등을 따라 주변 지역으로 확대해나갔을 것이다.

지금까지의 발굴 결과, 현재 시내 지역인 인왕동·황남동 일대와 황룡사터 일대의 최하층에서는 개흙층이나 모래자갈퇴적층이 발견되었으며 1~3세기대의 초기 유적이나 유물은 확인되지 않았다. 이는 당시 북천과 남천의 범람으로 이 일대가 주거 지역으로는 적합하지 않았기 때문이라고 학자들은 본다. 황성동 일대에서 형성된 세력은 월성을 중심으로 재편되었으며 이는 대릉원의 대형 고분들이 들어서는 시기와 어느 정도 맞아떨어지므로 월성과 고분군이 있는 중심 지역은 빨라도 4세기 이후에 형성된 것으로 추정할 수 있다.

수해를 막는 사찰과 숲

　산으로 둘러싸인 퇴적층 저지대 분지에 위치한 서라벌은 자연히 물의 도시라 할 만큼 물이 많았을 것이다. 물이 많은 만큼 하천 범람에 따른 위협과 피해도 컸다. 앞서 이야기했듯 신라시대에는 북천의 범람 기록이 많은데 잦은 범람이 왕경의 존립을 위협했다는 사례도 적지 않다. 북천은 아달라왕 5년(158), 소지왕 18년(496), 성덕왕 2년(703)에 각각 범람하여 심한 경우 민가 200여 호와 다수의 사람들이 표류했다는 기록이 있다.
　왕궁을 발굴할 때 나타난 수많은 우물과 월성의 해자, 안압지, 황룡사 늪지 등은 북천이 경주 전체를 관통하며 발달한 유적임을 증명한다. 당시 서라벌이 하천 범람에 따른 피해를 줄이기 위해 강구한 갖가지 방책들은 곳곳에서 찾아볼 수 있다. 그 가운데 하나는 하천변에 사찰을 건립한 것이다. 7세기 이후에 들어선 절 대부분이 하천변에 위치한다는 사실에서 그와 같은 의도를 읽을 수 있다.
　왕경 중심지에 관아가 새로 건립되고 도시화가 빠르게 진행되면서 대규모 사찰을 건립할 수 있는 공간을 확보하기 어려워지자 신라 왕실은 하천변과 늪지 등을 개발해 대규모 사찰을 조성했을 것이다. 하천변 사찰 건립은 택지난에 시달리던 왕경 도심지에 사찰 건립의 어려움을 해결하고 하천변 습지 매립으로 새로운 땅을 마련하여 범람을 막는 두 가지 효과를 거두

북천변에 자리한 헌덕왕릉과 숲.
조선 영조 때 북천의 범람으로 왕릉이 훼손될 위험에 처하기도 했다.

성덕대왕신종.
경덕왕이 아버지 성덕왕의 공덕을 알리기 위해 만들기 시작해 혜공왕 때 완성했다.
처음 봉덕사에 달았다 하여 봉덕사종이라고도 부른다.

었다. 《삼국사기》나 《삼국유사》의 기록을 보면 사찰 건립 이후 하천 범람에 따른 피해가 크게 줄어들었음을 알 수 있다.

진흥왕대까지는 월성 주변과 황룡사 일원에 하천 부지와 늪지가 많아 사찰 건립에 대한 전반적인 여건이 이뤄지지 않았다. 그러나 진흥왕 이후 도심 주거 공간이 포화 상태에 이르면서 왕경의 도시계획에 따라 강변에 사찰을 건립했다. 당시에 들어선 사찰은 천주사(7세기), 봉성사(7세기), 인용사(7세기), 분황사(7세기), 황복사(7세기), 봉덕사(8세기) 등 12곳이나 된다. 이후 사찰은 중심지에서 점차 보문평야 일대로 이동했다. 1세기 가까이 하천 부지를 반반하고 고르게 정지整地 작업을 한 이후인 7세기에 집중적으로 사찰이 들어섰다.

전랑지, 임천사, 봉덕사, 동천사 그리고 헌덕왕릉 등은 북천변 양쪽을 따라 건축되었다. 이 사실에 근거해 일부 학자는 신라 지배 계층이 553년 황룡사를 건축하기 이전에 북천의 방향을 바꿀 수 있는 효과적인 둑을 건축했거나 홍수의 위험으로부터 벗어날 수 있게 둑을 높였음을 강하게 시사한다고 말한다.

서라벌이 하천 범람의 위험에 노출되어 있던 것은 봉덕사의 성덕대왕신종에 얽힌 이야기를 통해서도 알 수 있다. 8세기에 건립된 봉덕사는 조선 전기인 15세기에 북천의 범람으로 사찰이 사라진 이후 성덕대왕신종만 하천변에 아무렇게나 처박힌 채로 발견되었다. 봉덕사가 창건된 8세기 초 성덕왕대에는 북천의 범람과는 관계없는 안전지대였을 것이다. 만일 봉덕사 위치가 범람 위험이 있다는 것을 알았다면 신라 왕실에서 무열왕을 위해

위 | 1938년 간행된 《조선의 임수》에 실린 북천변의 고양수 전경.
아래 | 고양수의 근접 모습.

하천에 사찰을 창건하지 않았을 것이다. 또한 성덕왕을 위해 만든 성덕대왕신종을 설치하지도 않았을 것이다. 성덕대왕신종은 신라 혜공왕대에 구리 12만 근을 들여 완성한 것으로 종을 치면 백여 리까지 소리가 퍼졌다고 한다. 1460년 영묘사로 옮겨 달았으나 북천의 범람으로 성덕대왕신종만 하천변에 남겨진 것이다.

북천의 범람으로 성동동 전랑지와 헌덕왕릉 그리고 남쪽에 위치한 임천사도 건물터 일부가 유실되었다. 신라 중기 이후 현재 동천동 일대는 동천사, 임천사, 헌덕왕릉이 들어설 만큼 안전하고 훌륭한 장소였으나 고려시대에 와서 범람과 침수의 위험에 노출되더니 조선시대까지 이어졌다.

신라시대에는 왕실의 관심 아래 북천을 효과적으로 치수하여 왕경 대부분이 안전했으나 고려시대부터는 상황이 달라졌다. 조선시대 기록을 보면 신라시대와는 달리 북천에 대한 효과적인 통제가 이루어지지 않아 범람이 잦았으며 오늘날 북천변에 위치한 신라시대 유적 다수가 훼손되었다.

조선시대와 일제강점기의 각종 자료에 따르면 경상도 71개 군현 중심지 가운데 비보숲이 가장 많은 곳은 현재의 경주 시내였다. 비보숲은 거주지나 무덤 등의 약점을 보완하기 위해 인위적으로 조성한 숲을 말한다. 경주에는 비보숲이 15곳 있었는데 그 가운데 7곳이 수해방지용 숲이었다. 비보숲인 오리수五里藪와 고성수, 임정수, 고양수高陽藪 등이 북천 주위에 집중되어 있는 것 역시 나무를 심는 것이 수해를 줄이기 위한 한 방편이었음을 증명한다.

물의 도시 복원

 만약 경주가 물이 풍부한 도시로 보존되고 지켜졌다면 현재 경주는 어떤 모습일지 궁금하다. 앞서 말했듯 도시의 생명, 도시의 힘은 물과 밀접하다. 경주의 쇠락은 역사적인 측면에서뿐만 아니라 환경적인 측면에서도 생각해보아야 한다. 범람을 우려할 정도로 물이 풍부했던 천 년 수도 서라벌을 21세기 현대 도시 경주 속에서 그려본다.
 물이 가득 찬 보문호는 더욱 크고 넉넉해보인다. 불어난 물만큼이나 호수 주위의 나무가 푸르러 보는 이를 상쾌하게 한다. 보문호의 물이 넘치면서 경주 도심을 관통하는 북천에도 물이 늘었다. 둑 허리까지 물이 차올라 둑을 높이 쌓아 올린 것을 이해할 수 있다. 북천에서 한가롭게 뱃놀이를 즐기는 관광객의 모습이 여유롭다.
 물을 살리자 하천뿐만 아니라 옛 왕경의 중심으로 흐르는 실개천도 모두 맑게 되살아났다. 첨성대 앞을 지나 대릉원과 계림 사이를 흐르는 개울의 맑은 물소리는 오래된 도시 경주를 더욱 평화롭게 만들며 관광객의 피로를 풀어준다. 남천은 월성 주위를 해자처럼 돌고 완연한 강의 모습을 갖춘 형산강은 경주 시내를 굽어보듯 도도히 흘러 영일만으로 향한다.
 물의 도시로 되살아난 경주의 모습은 안압지와 황룡사는 물론 멀리 불국사에서도 쉽게 확인할 수 있다. 불국사 입구의 콘크리트 광장에는 넓은

덕동 주변의 농경지와 보문관광단지 일대의 생활용수 공급을 위해 조성한 덕동댐.

연못이 들어섰으며 토함산에서 흘러내리는 넉넉한 계곡물이 사찰을 돌아 연못을 채운다. 콘크리트와 아스팔트가 아닌 자연의 모습을 되살리면서 완전히 새롭게 태어난 세계유산 경주에는 국내외 관광객이 발길을 잇는다.

물의 도시 서라벌이 전설 속으로 사라진 이유는 무엇일까. 우선 보문호와 덕동댐의 건설은 그렇지 않아도 적은 하천의 수량을 급격히 줄여놓았다. 보문호는 1952년 1월에 착공하여 1963년 12월에 준공한 유효 저수량 1015만 톤 높이 22미터 길이 308미터의 대규모 호수인데, 호수의 준공 이후 북천은 장마철을 제외하고는 한 해 내내 바닥을 드러내고 있다. 거기에 보문호의 저수량마저 크게 줄어들고 있다. 여기에는 여러 이유가 있으나 특히 상류 덕동천을 막아 덕동댐을 만든 이후 수량 감소가 더욱 심해지고 있는 실정이다.

덕동댐은 경주시 덕동 주변 농경지와 인근 보문관광단지 일대에 농수와 생활용수를 공급하기 위해 1975년 2월 완공한 댐으로 총저수량 3270만 톤에 둑 길이는 256미터 높이는 50미터 규모이다. 보문호보다 저수량이 세 배 이상 많은 댐이 호수 상류에 건설된 것이다. 덕동댐이 세워진 덕동천은 형산강 수계에 속하는 지방 2급 하천으로 경상북도 경주시 암곡동 왕산마을에서 발원하여 덕동댐과 보문호를 거치며 북천과 합류하여 형산강으로 유입되는 길이 8.79킬로미터 유역면적 19.11제곱킬로미터의 하천이다. 주요 하천의 흐름을 막는 댐이 하천 상류에 두 곳이나 생기면서 경주는 물이 흐르지 않는 삭막한 도시로 바뀌어버렸다.

서라벌의 물이 사라진 또 다른 주요 원인은 북천의 퇴적이다. 북천은

덕동댐 건설로 수몰되기 전 고선사터의 삼층석탑.
지금은 국립경주박물관으로 옮겼다.

경주의 종합 관광 휴양지인 보문관광단지와 보문호.

폭이 넓고 수량이 많은 데다 보문호 상류에서 형산강 본류와 만나는 구간의 고도 차이가 매우 크다. 그 때문에 물이 넘쳐날 경우 크고 작은 돌들이 굴러 내려 하천의 퇴적이 심할 수밖에 없다. 보문호의 둑 안쪽에서는 물론 상류에서도 큰 바위가 굴러 내려온 것을 확인할 수 있을 정도이다. 서라벌 도읍지 천 년 그리고 또다시 흐른 천 년. 길고 긴 세월 동안 도심의 하천에는 지속적으로 퇴적이 진행되었고, 이는 하천을 매립하듯 물을 잠식하여 도시에서 물이 자취를 감추게 했다.

그렇지만 경주는 조금만 땅을 파도 물이 나오는 도시이다. 땅 아래에 물이 흐른다면 경주를 물의 도시로 되살리는 일은 그리 어렵지 않을 것이다. 유적지의 발굴 복원과 물의 도시 서라벌 복원을 경주역사문화도시조성사업의 중요 프로젝트로 시행해볼 것을 조심스럽게 제안해본다.

서라벌의 복원

천년 고도 경주 다시 보기

　세계유산 등재 이후 경주는 역사문화도시로 거듭나기 위해 안간힘을 쓰고 있다. 국가 차원의 대대적인 문화사업은 아니지만 본래 고도의 모습을 회복하려는 노력이 곳곳에서 펼쳐지고 있다. 과거에는 이러한 노력조차도 제대로 한 적이 없다는 측면에서 기대를 걸 만하다. 머지않아 서라벌의 모습을 되찾은, 완전히 새로운 경주를 기대해도 좋을 듯하다.

　지난 2009년 초 경주시는 사업 기간 30년, 총사업비 3조 원의 초장기 '경주역사문화도시조성계획'을 발표했다. 지난 1970년대에 시행했던 경주관광종합개발계획과는 사업비와 기간은 물론 사업 범위와 목적 등에서 근본적으로 다른 대규모 서라벌 복원 사업이다. 역사, 문화, 관광 등 다양한 자원을 바탕으로 지속적인 발전이 가능한 도시임에도 체계적인 정비 소홀로 역사 유산이 그 빛을 잃어가고 있는 데다 지역 경제마저 날로 침체됨에 따라 마련한 대책이었다.

　경주시는 지난 2006년 9월 '경주역사문화도시조성계획' 수립에 착수해 2년여에 걸친 연구보고회와 자문회의 그리고 공청회 등을 거쳐 지난 2009년 원대한 계획을 발표했다. 문화체육관광부와 문화재청, 경상북도, 경주시가 계획 수립을 주관했다. 연구 과업은 국토연구원이 총괄하여 추진했으며 대외경제정책연구원과 한국문화관광연구원, 지역 대학교로 경주

대학교와 동국대학교 등이 전문 분야별로 연구에 참여했다. 문화체육관광부와 문화재청, 경상북도 그리고 경주시가 이 사업을 주관하는 것에서 경주역사문화도시조성계획을 국가문화사업의 하나로 추진해나가겠다는 의지를 엿볼 수 있다. 서라벌이 사라지고 신라가 패망한 뒤 약 1100년 만에 최초로 시행하는 '대 문화역사 프로젝트'인 셈이다. 유네스코 세계유산 등재 이후 처음으로 추진하는 장기 계획이라는 측면에서 이번에는 계획대로 복원할 수 있을지 귀추가 주목된다. 그러나 이러한 복원 사업을 신라 멸망 이후 오랫동안 추진하지 않다가 세계유산 등재 이후에야 시작했다는 점은 참으로 씁쓸하다.

천 년 수도를 자랑하던 서라벌은 신라 패망과 함께 급속히 쇠퇴했을 것이다. 멸망 이후 이어진 홍수와 가뭄, 지진 등의 자연재해는 순식간에 서라벌을 폐허로 만들었다. 고려시대에는 몽골의 침략을 받아 신라 유산 대부분이 화재 등으로 훼손되어 왕도의 흔적마저 지워졌을 것이다. 천 년 수도의 영광이 사라지는 데는 그리 많은 시간이 걸리지 않았다.

조선시대에는 억불정책 아래 억압받고 소외되었으며 조선 후기에 들어서는 일본의 수탈에 시달렸다. 곳곳이 파헤쳐지고 훼손되었으며 수량을 가늠하지 못할 정도로 많은 유물이 일본으로 반출되었다. 1945년 해방 이후 한반도를 전쟁의 포화砲火 속에 빠뜨린 한국전쟁 그리고 근대화 과정까지, 일련의 역사를 돌이켜보면 신라의 패망 이후 약 1100년이라는 긴 시간 동안 서라벌 복원을 진지하게 고민할 시간은 없었다.

서라벌이 사라진 뒤 천 년의 세월이 흘러가는 동안 우리가 서라벌 역사 유산의 가치에 대해 생각한 시간은 얼마나 될까. 서라벌을 회상하며 우리에게 역사란 무엇일까 생각해본다. 역사가 과거와 현재의 대화라면 우리는 삶의 쳇바퀴 속에서 과거를 대화 상대로 받아들일 만한 여유를 갖지 못했다. 역사가 우리에게서 멀어져가는 사이 21세기가 도래했고 이제 세계는 문화의 세기, 문화의 시대를 말한다. 지난 20~30년의 시간 동안 경주는 천년 수도 서라벌로서의 관심과 대우를 받지 못했다. 유네스코 세계유산으로 등재되기 전까지는 인류의 유산으로 제대로 인식되지도 인정받지도 못했다. 지난 20여 년 동안 기자생활을 하면서 국내외 유명 문화 유적지를 둘러볼 때마다 세계적으로 가치를 인정받는 고도임에도 제 대접을 받지 못하는 경주가 떠올라 마음이 무거웠다.

최근 경주시가 의욕적으로 추진하고 있는 서라벌 복원 사업을 지켜보면 우리가 그동안 경주에 대해 가졌던 인식을 바꿀 기회가 생기지 않을까 내심 기대가 된다. 이제 우리 문화재, 우리 유적지를 현재에 걸맞게 보존해야 할 때이다.

서라벌을 찾아서

경주시는 경주를 아시아의 로마로 만들어보자는 경주역사문화도시조성계획으로 지난 2008년 문화재과와는 별도로 역사도시조성과를 만들어 역사도시 복원 조성 업무를 추진하고 있다. 주요 문화유산의 발굴 복원 사업 내용을 보면 어렴풋하게나마 서라벌을 그려볼 수 있다.

도심 고분공원 조성

도심고분공원조성사업은 현재 노동동·노서동·황오동·인왕동 일대 고분군과 쪽샘지구 고분군으로 나누어져 있는 것을 하나로 묶어 20만여 제곱미터에 달하는 대규모 고분공원을 조성하는 사업이다. 지난 2006년 시작한 이 사업은 오는 2030년까지 25년에 달하는 장기 계획으로 무려 3600억 원에 달하는 예산 투입이 예상되는 의욕적인 사업이다. 사유지 16만여 제곱미터를 매입하기 위해 소요되는 예산만도 1500억 원이나 된다.

쪽샘지구는 쪽빛 물이 나오는 우물이 있어 쪽샘이라는 이름이 붙었다. 일제강점기부터 크고 작은 고분의 봉분을 깎아내고 민가가 들어서기 시작했으며 1960년대 이후에는 집중적으로 들어섰다. 1970년대 이후 버스터미널과 식당 상가까지 들어섰기 때문에 대규모 고분단지의 모습을 잃어버린 지 오래였다. 도굴범들이 이 지역의 민가를 사들인 뒤 고분을 파헤치고 출

크고 작은 신라 고분들이 밀집한 쪽샘지구의 발굴 현장.
발굴을 마치면 대릉원과 노동동·노서동과 연결하여 대규모 고분공원으로 만들 예정이다.

토한 유물을 몰래 팔았다는 얘기는 이미 경주에서는 잘 알려졌다. 한때는 경주에 유명한 술집들이 있었으나 현재는 팔우정 로터리 주위에 해장국집이 줄지어 늘어선 곳으로 더 잘 알려져 있다.

경주시는 쪽샘지구 일대를 대대적으로 정비하여 세계유산에 걸맞은 서라벌의 옛 모습을 조금씩 되찾아나갈 계획이다. 쪽샘지구 발굴조사는 국립경주문화재연구소가 맡고 있는데 국내에서는 유례없이 긴 발굴 복원 사업인 만큼 발굴 현장에 투시형 펜스를 설치해 일반 관람객에게 공개하며, 고분박물관과 전망대를 설치하고, 발굴조사의 전 과정을 전시하는 고분홍보관도 만들어 쪽샘지구를 '한국의 룩소르'로 세계에 선보일 예정이다. 중국 시안에 있는 진시황릉秦始皇陵 병마용갱兵馬俑坑 혹은 로마에서나 볼 수 있었던 고고학자의 발굴 현장을 우리도 보여줄 수 있다는 점에서 더욱 기대가 된다. 경주 도심 고분공원은 기존의 대릉원과 노동·노서지구의 고분군 지역 26만여 제곱미터에 쪽샘지구 36만여 제곱미터가 추가 연결될 예정이어서 면적만도 62만여 제곱미터에 달하는 세계적인 대규모 고분공원이 될 전망이다.

쪽샘지구 발굴은 2007년 3월 고유제告由祭를 시작으로 본격화하면서 1년여 만에 이미 유실된 고분 120여 기를 확인하는 성과를 거두었다. 지난 2008년 7월 발굴조사 현장에서 돌무지덧널무덤 55기와 덧널무덤(토광목곽묘土壙木槨墓) 9기, 돌덧널무덤(석곽묘石槨墓) 6기, 독무덤(옹관묘甕棺墓) 7기 등을 확인했다고 첫 발굴조사의 성과를 밝혔다. 특히 조사가 이루어진 80기 남짓한 5~6세기 신라 귀족의 무덤에서는 허리띠와 귀걸이, 금은제 장신구 등

1800여 점이 출토돼 쪽샘지구가 신라 문화의 보고라는 사실을 다시 한 번 확인해주었다.

해방 이후 무계획적으로 들어선 민가를 모두 철거하고 고분공원을 조성하는 사업은 옛 서라벌을 통해 우리 시대의 대역사를 되찾는다는 측면에서 더욱 관심 있게 지켜봐야 할 것이다.

월성 정비와 복원

월성유적발굴정비계획은 천 년 왕조 궁궐터 복원 사업으로 민족의 문화적 자긍심 고취와 문화재에 대한 인식 제고를 목적으로 한다. 우선 월성 종합정비계획을 수립하고 그 계획에 입각하여 단계적으로 발굴하는 것이 주요 내용이다. 발굴조사 이후 일차적으로 월성 성곽을 복원하고 월성 내부와 주변을 정비해야 하는데, 장기적으로는 궁궐과 누각 등을 복원하고 자연경관과 왕궁이 어우러지는 신라 궁성으로 복원할 예정이다.

월성유적발굴정비계획은 2006년부터 2035년까지 가장 장기적으로 계획한 복원 사업으로 총사업비만도 2700억 원이 소요될 것으로 추산했다. 이밖에도 지난 1989년부터 국립경주문화재연구소가 20년이 넘도록 진행하고 있는 해자 발굴 사업을 2012년까지 계속 진행하여 장기적으로는 안압지와 월성 해자 그리고 월정교로 이어지는 궁성 유적을 복원함으로써 자연스럽게 '신라 탐방로' 사업과 연결할 구상도 포함하고 있다.

황룡사 복원

황룡사 복원 사업은 신라의 최대 사찰이며 최고 건축물인 황룡사를 복원하여 우리 민족의 문화적 자긍심을 고취하고 경주는 물론 우리나라를 대표하는 국제적인 명소로 조성한다는 데 의의가 있다. 황룡사 복원을 위해 황룡사와 관련된 역사지리, 불교, 민속, 미술사 등의 기초 연구부터 실제 건물을 구축하는 데 필요한 복원 연구까지 함께 추진할 계획이다. 단계적으로 9만 9천여 제곱미터에 달하는 사역 내외 정비를 추진하고 황룡사 복원 정보센터와 홍보관을 건립해나갈 것이며 2035년까지 2900억 원을 투자하여 9층 목탑 복원, 황룡사 금당·회랑·승방 등 13개 동을 차례로 건립할 계획이다.

비록 화려하고 웅장했던 황룡사는 땅 위에서 사라졌지만 황룡사 9층 탑을 비롯한 건축물 대부분에 초석이 남아 있어 금당터 본당의 규모가 어떠했을지 충분히 짐작할 수 있다. 일부 초석은 아름다운 문양까지 보존하고 있어 당시 사찰의 화려함을 느낄 수 있다. 초석만으로도 가치를 가늠할 수 있는 값진 유적지이지만 입구를 가로막고 있는 철망으로 된 문을 볼 때마다 우리의 문화 수준을 들킨 것 같아 부끄러워진다. 외국의 유명 유적지는 많은 돈과 시간을 들여 관광하면서 정작 우리 문화유산에 대해서는 얼마나 알고 어떻게 보존하고 있는지 뒤돌아볼 필요가 있다. 황룡사는 터만으로도 충분히 의미가 있고 감동을 줄 만한 곳이다. 그곳에 이야기를 입히고 황룡사를 복원하는 방법은 우리가 진지하게 고민해야 할 문제이다.

이밖에도 경주역사문화도시조성사업은 월정교·일정교 복원과 남산

황룡사 복원 모형.
당시 황룡사는 신라의 국력을 대내외에 과시하는 건축물이었다.

에 흩어져 있는 유적의 체계적인 정비와 종합적인 관리까지 계획하고 있다. 사라진 서라벌을 제대로 발굴하고 복원하려는 최초의 노력이라는 측면에서 역사·고고학계는 앞으로의 사업 진행 추이를 예의주시하고 있다. 사업 기간이 긴 만큼 정권 변화 등에 영향을 받을지 모른다는 우려가 있으며 현재 시급한 문제는 뒤로 한 채 먼 일에만 치중한다는 불만도 있다. 서라벌 복원이 간단한 일이 아닌 만큼 지금의 계획을 토대로 얼마나 충실하게 실행해 나갈지가 이 사업의 중요한 과제이다.

경주의 역사 유적은 이제 세계, 전 인류의 것이라 해도 과언이 아니다. 인구가 20만 명 남짓한 지방자치단체에 세계유산 관리를 일임하다시피 하고 정부는 규제만 하는 게 다가 아니다. 중국과 일본 등 이웃 국가를 둘러보면 세계유산을 두고 문화 전쟁이라 할 정도로 치열한 경쟁을 벌이고 있다. 일본의 교토나 중국의 시안 등 경주와 자주 비견하는 외국의 고도를 보면 현재의 경주가 더욱 안타깝기만 하다.

지역 경제 성장을 위한 경주시의 처절한 몸짓은 지난 2008년 정부가 공모한 방사능 폐기물 처리장 유치 신청에서 그대로 드러났다. 방사능 폐기물 처리장 후보지로 확정되자 경주시와 시민들은 경주시를 위한 정부 차원의 지원이나 투자가 획기적으로 늘어나 지역이 크게 발전할 것이라 기대했다. 하지만 불과 1년여 만에 정부 지원금이 결국 정부 관련 부처에서 경주에 장기간 예정한 투자금을 합한 것과 별 차이가 없다는 사실을 알고는 모두 허탈해했다.

돌이켜보면 경주가 정부의 각별한 관심을 받았던 때는 1970년대 박정희 대통령 재임 시기였다. 박 대통령의 갑작스런 죽음으로 계획은 제대로 마무리되지 못한 채 끝났고 이후 지난 30여 년간 경주는 보존이라는 미명 아래 방치된 것이나 다름없는 상태로 있었다.

2010년 11월 국내 언론 대부분이 보도한 외신은 문화재에 대한 우리의 인식과 자세를 깊이 반성하게 했다. 2천 년 전 이탈리아 고대 도시 폼페이의 유적이 일부 무너져내려 이탈리아 국민이 충격에 빠졌다는 기사였다.

폼페이에 있는 80제곱미터 남짓한 글래디에이터(검투사)의 집이 무너져 내려 고고학자와 야당 정치인들이 정부의 무관심과 관리 부실을 거세게 비난하고 나섰다. 이탈리아의 주요 일간지들은 '폼페이의 수치스런 붕괴'라고 전했고 실비오 베를루스코니 총리가 이끄는 정부가 자격 없는 사람들을 문화재 관리 책임자로 앉혔다고 일침을 가했다. 일부에서는 "문화유산은 전 인류가 공유해야 할 자원이므로 이를 보호할 능력이 없는 정부는 문화재의 관리에서 손을 떼어야 한다"고까지 신랄하게 비판했다.

우리의 보편적인 시각에서 보면 80제곱미터 남짓한 문화재 하나, 그것도 복원해놓은 지붕이 무너져내렸다고 온 나라가 난리가 난 듯 굴며 총리와 정부의 자격까지 거론하나 싶을 것이다. 하지만 이 기사를 통해 이탈리아 국민이 자신들의 문화재를 얼마나 자랑스러워하고 사랑하는지를 단적으로 알 수 있다. 문화 대국이 어떤 것인지, 선조들이 남긴 문화 속에서 생활하는 국민의 자세와 태도가 어떤지 극명하게 드러난 기사였다.

황룡사터.
황룡사는 1238년 몽골의 침입으로 탑과 전각 등이
모두 불탄 뒤 폐사가 되었으나 건축물의 초석은 대부분 남아 있다.

세계유산에도 등재된 폼페이 유적은 79년 베수비오 화산 폭발로 6미터 이상 되는 화산재에 매몰된 곳으로 16세기에 수로 공사 도중 우연히 발견된 고대 도시이다. 지금까지 약 40퍼센트가 복원되었으며 기사에 언급된 집은 검투사들이 모여 훈련하고 음식을 먹던 장소였다고 한다. 이탈리아 국민의 시각으로 보면 세계적인 왕성과 왕궁 유적지인 월성을 방치한 것이나 다름없는 우리 정부와 경주시는 유적지 관리에서 손을 떼야 한다고 비판받아 마땅하다. 정작 우리는 어떠한지 우리의 문화 의식 수준을 더욱 돌아보게 된다.

최초의 경주관광종합개발사업

　　경주역사문화도시조성사업의 의미는 1970년대에 수립된 경주관광종합개발사업의 회고를 통해 더욱 분명히 알 수 있다. 지난 1970년대 초 박정희 대통령 재임 당시 국제관광도시로서의 고도의 모습을 갖추기 위해 처음으로 관광종합개발계획이 수립되면서 경주의 유적지와 관광기반시설은 기존에 비해 크게 달라졌다. 1970년대 경주관광종합개발계획의 수립 배경과 과정 그리고 내용은 다음과 같은 기록으로 남아 있다.

　　1971년 6월 박정희 대통령은 포항제철의 고로高爐 화입식火入式(처음 불을 넣는 일을 축하하는 의식)에 참석했다가 서울로 돌아가는 길에 경주에 들렀다. 정확히 일정을 잡은 것은 아니었으나 가족과 함께 방문했다. 경주를 둘러본 박 대통령은 천년 고도 경주의 황폐한 모습을 보고 하루빨리 재정비해야 한다고 생각했다.

　　당시 경주시는 인구 9만 명의 작은 도시로 그야말로 적막감이 감도는 고도였다. 경주관광종합개발계획에 참여했던 사람들에 의하면 경주는 탑과 불상이 허물어지고 거대한 고분군이 호박 넝쿨에 뒤덮일 정도로 방치되어 찬란했던 서라벌은 그림자로도 느낄 수 없었다고 한다. 당시 국내 관광객이 한 해 약 100만 명, 국외 관광객이 2만여 명 정도였는데 그마저도 해마다 줄어들어 고심하던 때였다.

박정희 대통령에 의해 추진된 경주관광종합개발사업이 시행된 때는 1인당 국민소득이 300달러가 채 되지 않았던 1970년대 초로 당시 우리의 경제적 상황을 감안하면 분명히 쉬운 사업이 아니었다. 우리의 문화유산인 경주를 새롭게 다듬고 관광단지를 조성해 세계적인 휴양지로 만들겠다는 계획은 당시로서는 국가 사업이라 해도 수긍할 정도였다.

1971년 6월 박 대통령의 지시에 따라 정소영 당시 청와대 경제수석을 단장으로 경제기획원, 건설부, 문공부, 교통부 등 5개 관련 부처 실무국장을 단원으로 한 경주관광종합개발계획단이 발족되고 13명의 실무작업반이 구성되는 등 경주관광종합개발계획은 시작과 함께 속도를 더했다. 1971년 7월 16일 청와대에서 열린 '경주관광종합개발계획 보고회'의 녹취록은 당시 경주 개발과 문화재 복원에 대한 박 대통령의 속내를 분명하게 보여준다.

"경주 시내에 들어가면 이름 없는 큰 능이 모여 있는데 그 중앙에 초가집이 몇 채 있습니다. 그곳을 지나다 능 근처에 호박을 심어 호박 넝쿨이 능 위로 올라가는 것을 보았습니다. 유적지 안에 초가집을 지어 호박을 심고 고추를 심고, 이런 식으로는 안 됩니다. 외국 사람들이 이것을 보면 '한국 사람들은 이렇게 문화재를 아낄 줄 모르는 민족인가?' 하지 않겠습니까?"

"경주 개발에는 290억 원이라는 큰돈이 드니 조금씩 순차적으로 개발할 수밖에 없습니다. 특히 우리나라 유적지 가운데 많은 문화재가 경주에 집중해 있으니 경주부터 중점적으로 검토해보자는 것입니다. 옛 수도였던 곳으로는 고구려와 고려의 수도 평양과 개성이 있으나 모두 북한에 있습니다. 남한에는 옛 한양성이었던 서울이 있지만 현재 인구가 밀집해 있고 도시화되어서 손댈 도리가 없어 복원이 불가능합니다. 우리가 하나 개발했으면 하는 곳이 경주로, 여기는 신라의 수도였을 뿐만 아니라 문화재가 많이 남아 있습니다. 그 다음은 백제의 수도 부여인데, 여러 가지 백제의 고적이 많지만 한꺼번에 할 수 없으니 일차적으로 경주를 먼저 개발해보자는 것입니다. 차관을 들여올 세계은행에서도 개발의 우선순위를 경주, 그 다음이 제주도, 그 다음은 설악산 등을 지정하고 갔다지요?"

1971년 8월 13일 박 대통령의 재가裁可를 받아 확정된 경주관광종합개발계획은 대략 다음과 같았다.

I. 경주 일원의 모든 유적·유물은 우선 크게 사적지구 13곳으로 묶어 종합적으로 보수·정비한다.
II. 현존 문화재는 원형 보존에 힘을 기울여 파손된 것은 보수하고 문화재 주변의 역사적 풍치와 조화되도록 미화한다.
III. 사적지구 내 불량 건물은 모두 철거, 이전하고 필요한 사유지는 매입한다.

경주관광종합개발계획은 1981년 완성을 목표로 한 10개년 계획으로 총사업비 288억 원에 세계은행 차관은 사업비의 31퍼센트인 2300만 달러였다. 경주관광종합개발계획에 따라 불국사와 석굴암을 포함한 토함산 지구를 복원·정비하고 논밭으로 변해버린 월성지구는 17만 제곱미터의 사유지를 매입한 뒤 143동에 달하는 민가를 철거하기로 했다. 또 오릉과 무열왕릉지구를 대대적으로 정비하고 국립경주박물관을 월성 남쪽에 새로 건립하며 국립경주문화재연구소 신설도 계획했다.

경주관광종합개발계획은 유적지 정비와 관광 시설의 확충을 일차적 목표로 삼았다. 그러나 청와대는 대형 고분 발굴이 관광자원 확보에 크게 기여할 것이라 믿고 고분에서 금관을 비롯한 고귀한 유물이 출토되기를 내심 기대했다. 그리하여 시작한 것이 제155호 고분 천마총의 발굴이었다. 천마총 발굴은 1973년 4월 6일부터 같은 해 12월 4일까지 진행되었는데, 발굴 결과 금관은 물론 천마도 등 값진 유물이 기대 이상으로 많이 쏟아져 청와대는 물론 관계자들도 모두 놀랐다.

천마총 발굴 결과에 흥분한 관계자들은 천마총보다 큰 황남대총을 발굴하면 더욱 귀한 유물이 쏟아질 것으로 기대하고 1975년 황남대총을 발굴했다. 이곳에서도 금관을 비롯해 약 3만 점에 달하는 많은 유물이 쏟아져 나왔다. 당초에는 황남대총을 일반인이 관람할 수 있는 전시 고분으로 만들 예정이었으나 원래 상태로 복구하고 더 좋은 유물이 나온 천마총을 현재와 같은 모습으로 만들었다.

1970년대 경주관광종합개발계획에서 주목할 만한 또 하나의 사업은 앞서 언급했던 안압지 발굴조사이다. 안압지 발굴은 1975년 3월 24일부터 1976년 12월 30일까지 진행되었다. 1973년 사적관리사무소의 1차 조사에서 연못 속에 많은 유물이 매몰되어 있음을 확인하고 본격적으로 발굴조사를 실시하였다. 이밖에 관광 환경과 기반 조성 사업의 일환으로 보문호 주변을 개발하고 정비하여 외국 관광객의 위락을 목적으로 하는 신시가지 형성을 계획하는 등 현재 경주의 모습은 대부분 1970년대 경주관광종합개발계획에 의해 만들어졌다 할 수 있다.

경주관광종합개발계획의 기본 방향 가운데 특히 주목받았던 부분은 경주시의 계획인구이다. 경주관광종합개발계획은 경주시의 계획인구를 목표년도인 1981년에는 16만 명, 그 이후에도 20만 명을 초과하지 않도록 조정한다고 못 박았다. 이는 관광사업 발전으로 인한 인구의 사회적 유입을 예상한 연평균 5퍼센트의 인구 증가와 계획 구역 확대에 기초한 것이다. 참고로 경주시 인구는 1960년 7만 5953명에서 1970년 9만 5093명으로, 1966년 이후 1970년까지 연평균 증가율 1.5퍼센트 수준에 그쳤다. 경주시의 계획 구역과 면적은 경주시 189.5제곱킬로미터와 월성군 111제곱킬로미터를 합해 300.5제곱킬로미터로 했다.(현재 경주시는 시군 통합으로 광역화하면서 면적이 1324제곱킬로미터로 서울의 2.2배나 된다. 하지만 인구는 2000년 29만 140명에서 갈수록 줄어들어 2010년에는 26만 명에 그쳤다.)

경주관광종합개발계획은 1979년 10월 박정희 대통령의 갑작스런 죽음으로 목표년도 2년을 남겨두고 제대로 마무리되지 않은 상태로 멈추었다. 건설부의 《경주관광종합개발계획》 책자 맨 앞에는 박 대통령이 친필로 쓴 지시 사항이 지도와 함께 5장에 걸쳐 세세하게 기록되어 있다.

1971년 7월 16일

"신라 고도는 웅대, 찬란, 정교, 진취, 여유, 우아함이 살아나도록 재개발할 것."

1971년 7월 17일

"경주관광종합개발계획 작성 지침 중 제1단계로 착수해야 할 사업과 자금 능력에 따라 2단계 이후 순차로 실시해야 할 사업을 구분한다. 본 계획이 확정되고 난 이후에는 중앙 직할로 경주개발사업소를 설치한다. 필요할 경우 중앙에 경주개발위원회를 구성하는 것이 1안이라 사료됨."

10·26사건이 터지기 이틀 전인 1979년 10월 24일 박 대통령은 보문관광단지를 찾아 관계자들을 격려하고 마무리 공사에 최선을 다해줄 것을 당부했다. 불행히도 그는 자신이 의욕적으로 벌인 문화 사업의 끝을 보지 못했다.

인류의 유산, 경주

 1995년 유네스코는 석굴암과 불국사를 세계유산에 등재했다. 세계 각국이 경쟁적으로 자신의 문화 유적을 세계유산으로 등재하기 위해 안간힘을 쏟고 있는 때였기에 더욱 의미가 컸다. 석굴암은 세계에서 유례가 없는 구조로, 고도로 발달한 수학에 기초하여 치밀하게 설계한 뒤 화강암으로 만든 종교 건축물이다. 심오한 불교의 개념을 조형적 공간 안에 추상적으로 표현했다. 완벽한 조형미와 숭고한 장엄미를 겸비한 석굴암은 불교 발상지인 고대 인도의 사라진 중요 사찰을 재현했다는 점에서 또 범아시아 불교 건축물로서 역사적 가치를 인정받았다.
 나는 경주에서 만난 한 향토 고고학자의 이야기를 잊을 수 없다. 우리가 쉽게 알고 있고 보고 있는 석굴암과 불국사에 대한 새롭고도 신선한 일갈一喝이었기 때문이다. 그의 말에 따르면 석굴암은 역사성과 예술성 면에서 전 세계 불교 문화재 가운데 최고라 할 만하며 불국사는 세계에서 가장 아름답고 위대한 사찰이다. 특히 불국사에서 석굴암에 이르는 길은 걸어서 가야 하는데 길을 포장해놓아 누구나 바로 앞에 승용차를 주차하고 대강 둘러보고 떠나도록 만들었다.
 현재 불국사는 누구나 출입할 수 있는 곳이지만 신라시대에는 왕과 왕족만 드나들 수 있는 특별한 사찰이었다. 당시 석굴암은 왕실의 신전과도

석굴암 본존불.
석굴암은 고도로 발달한 수학에 기초하여 치밀하게 설계된 인공 석굴사원이다.

같은 곳이었다. 로마의 신전과 일본의 신사가 신성하듯 불국사와 석굴암 역시 엄숙하고 신성한 곳인데 조선시대 이래 불교를 탄압하는 과정에서 지금처럼 누구나 출입할 수 있는 유적이 되어버렸다.

고 김수환 추기경은 생전에 석굴암을 방문했을 때 한 시간이 지나도록 석굴암을 면밀히 관람한 뒤 "내 안에도 부처님이 계시구나"라고 말했다. 영국의 찰스 왕자는 1992년 경주를 방문했을 당시 불국사에서 석굴암까지 차로 이동해 한 시간여 동안 석굴암을 관람하느라 다음 일정에 차질을 빚었다. 그는 신라인이 불국사에서 석굴암까지 어떻게 이동했는지를 물은 뒤 자신을 그 경로로 안내하지 않은 것에 아쉬움을 토로하며 돌아가는 길에라도 불국사로 걸어서 내려가고 싶다고 말했다. 불국사에서 석굴암까지 한 시간여 동안 땀을 흘리며 걸어 올라가 석굴암을 보는 것과 그 길을 차로 이동해 잠깐 둘러보는 것은 신성함에서 오는 감동의 격이 다르기 때문이다.

경주에서 만난 향토 고고학자는 우리 것을 제대로 보지 못하는 것은 비극이라며 우리가 우리 문화를 보는 눈이 천박한 것은 아닌지 반성해봐야 한다고 했다. 슬리퍼나 등산화를 신은 간편한 옷차림으로 우리 유적을 방문하는 것은 우리 자신의 문화적 품격을 떨어뜨리는 행위이며, 불국사와 석굴암을 제대로 이해하고 보려면 하루 정도 할애하는 것이 우리 문화와 경주에 대한 예의라고도 했다.

이러한 주장과 설명은 신선한 충격이었다. 경주 관광객 천만 명 시대보다 중요한 것은 국내외 관광객이 유물 고유의 가치와 품격을 알고 느끼며 감상하는 것이다. 경주는 '경주역사유적지구'라는 이름으로 세계유산에

석굴암과 더불어 유네스코 세계유산에 등재된 불국사 전경.

등재되었다. 세계유산은 대부분 단일 유물이나 단일 유적으로 등재되었지만 경주는 도시 전체가 다섯 구역으로 나뉘어 등재되었다. 일본 교토와 비교하면 경주의 특이성이 잘 드러난다. 교토의 경우 17개의 단일 유물·유적이 유네스코 세계유산으로 등재되었다. 한 도시에 등재 유산이 17개나 되는 것이 특이하지만 경주처럼 지구별로 묶어 등재된 것은 아니다.

불교미술의 보고인 남산지구, 천 년 왕국의 궁궐터인 월성지구, 신라 초기 왕들의 능이 모여 있는 대릉원지구, 신라 불교의 중심 황룡사지구, 고대 신라의 핵심적인 방위 시설 명활산성이 있는 산성지구로 나누어지는 경주 역사유적지구에는 신라 천년 고도 경주의 역사와 문화를 고스란히 담고 있는 불교 유적과 왕경 유적이 잘 보존되어 있다. 일본 교토나 나라의 역사 유적과 비교해도 유적의 밀집도와 다양성이 더 뛰어나다. 유적을 만든 시대의 범위도 넓어 박혁거세가 탄생했다는 신라 초기 유적 나정蘿井(전설 속의 우물)부터 신라 전성기의 남산 유적을 거쳐 신라 말기의 경애왕릉까지 시대적 편차가 천 년이나 된다. 이렇게 오랜 시간을 아우르는 유적은 세계적으로도 찾아보기 어렵다.

21세기, 많은 나라가 문화 대국을 꿈꾸며 치열하게 문화 전쟁을 벌이고 있다. 경제적 위상의 변화 속에서 우리도 제대로 된 문화를 생각해야 할 지점에 이르렀다. 문화 대국을 이루기 위해서는 무엇보다 우리 스스로 문화적 열등감을 벗고 우리 문화에 대한 자긍심을 키워나가야 할 것이다.

경주역사유적지구 중 남산지구에 속하는 신선암 마애보살상.
마치 구름 위에 앉아 있는 것처럼 보인다.

2030년, 다시 살아난 서라벌

　드디어 경주가 옛 서라벌로 다시 태어났다. 신라 패망과 고려시대 때 몽골에 의한 피해로 천 년 가까이 폐허 상태로 방치되었던 서라벌 왕궁과 왕성이 마침내 웅장하고도 장엄한 형태로 다시 복원됐다. 한국 고고학계의 최대 숙원이었다. 하지만 고고학자들은 월성의 왕성과 왕궁을 제대로 복원하기까지는 아직도 족히 20년은 더 걸릴 것이라고 예상한다. 지난 2009년 지하 레이더 탐사 작업을 통해 지하의 유구를 처음으로 분명하게 확인한 시점부터 계산한다면 서라벌의 왕성과 왕궁을 복원하는 사업은 40년이 넘는 시간이 소요되는 역사문화도시 복원의 대역사인 셈이다.

　빈 땅이었을 때 월성은 그리 넓어보이지 않았다. 서라벌의 왕궁이 있었던 곳인지 의구심이 들 정도였다. 그러나 궁궐 건물을 하나씩 복원하고 성곽을 쌓아 올리자 왕성의 규모가 보통이 아니었음을 알 수 있었다. 특히 오랫동안 나뉘어 있던 안압지와 월성 사이의 도로를 없애고 연결하여 서라벌의 옛 모습을 복원하니 왕궁 규모가 훨씬 커 보였다. 놀라운 사실 가운데 하나는 복원한 신라 궁궐의 양식이 일본 나라의 헤이조平城 궁과 매우 흡사하다는 것이다. 당시 왕궁의 건축양식이 중국 시안에서 신라를 거쳐 일본 교토와 나라로 전해졌음을 짐작할 수 있는 부분이다.

　왕성에서 내려다보이는 광활한 고분공원은 장관이다. 5세기에서 7세기까지 이 땅을 호령했던 왕과 귀족들의 무덤이 끝없이 펼쳐진 한국판 '왕들의 계곡'이다. 보는 순간 고대 도시의 역사 속으로 빨려들어 시간이 멈추고 숨이 멎는 듯하다. 풀 한 포기 나무 한 그루도 손대지 못하도록 땅에 투명 상판을 설치한 뒤 그 위를 걷도록 만들어놓아 신비로움을 더한다. 오래전 사람들이 이곳에서 무덤을 헐고 집을 짓고 살았는가 하면 호박 넝쿨이 무덤을 뒤덮었던 적도 있다는 문화재해설사의 설명을 믿기 힘들다. 이런 유적이 과연 세계 어디에 또 있을까. 세계유산에 월성과 경주 다섯 지구를 등재한 유네스코의 혜안에 놀라고 감사할 따름이다.

서라벌 왕성과 왕궁에 위엄과 감동을 더하는 것은 통일신라 최전성기의 궁성 내 다리인 월정교와 일정교이다. 월정교 입구의 서라벌 왕궁 체험관은 3D 영상 기술과 세계 최고의 정보통신 기술을 이용하여 타임머신을 타고 신라시대와 21세기 사이를 여행하는 것처럼 생생하게 느끼도록 만들어놓았다. 높은 수준의 정보통신 기술을 우리 문화와 접목하여 새로운 한류를 일으키고 있다.

석굴암 역시 첨단 기술을 동원한 문화재 복원 사업으로 일제강점기 보수공사 뒤에 생기기 시작한 누수와 습기 문제를 100년 만에 해결했다. 습기 방지를 위해 가렸던 유리창도 제거했다. 가부좌한 두 다리와 무릎, 반쯤 내려다보는 눈, 슬기로움이 서린 미간, 자애로운 입가, 얇은 천을 걸친 듯한 옷 주름……연화대좌 위에 앉아 있는 본존불은 화강암을 깎아 만들었다는 사실을 믿기 힘들 정도로 살아 숨 쉬는 듯하다. 석굴암은 관람객 수와 관람 시간을 철저하게 제한하여 신성함을 더한다. 이제야 비로소 신전으로서의 모습을 되찾았다.

특히 주목할 만한 것은 불국사에서 석굴암까지 도보로 이동하는 관람객과 승용차로 이동하는 관람객의 석굴암 관람 동선을 달리해놓았다는 점이다. 전자와 후자의 감동이 다르다는 고고학자들의 주장이 제대로 반영된 것이다. 석굴암에 찾아오는 관람객의 차림새도 사뭇 달라졌다.

불국사 주변은 주차장과 상가를 정리하여 사찰의 경건함과 엄숙함을 되살려 옛 국찰國刹로서의 명성을 되찾았다. 불국사와 석굴암이 자연스럽게 하나로 연결된 세계유산으로 거듭난 것은 서라벌 복원 사업이 거둔 또 하나의 성과이다. 서라벌의 찬란했던 문화를 월성에서와는 또 다르게 느낄 수 있다. 세계유산 등재 이후 완전히 새롭게 태어난 천년 고도 경주를 주요 연구 대상의 하나로 지목한 데에는 그만한 이유가 있었다.

서라벌을 복원한 경주는 이제 세계 어디에 내놓아도 손색이 없는 자랑스러운 우리의 문화유산이다. 프랑스의 베르사유 궁이나 영국의 윈저 궁처럼 많은 외국 관광객이 경주의 왕성과 왕궁을 보기 위해 줄을 서서 기다릴 날이 머지않았다. 경주는 지금까지 국제사회가 잘 알지 못했던 우리나라의 전혀 새로운 모습을 세계에 선보일 수 있는 값진 문화자산이다.

통일신라에 대한 엇갈린 평가

신라를 보는 두 가지 시각

　21세기 들어 경주의 문화유산이 잇따라 세계유산에 등재되면서 세계 역사 문화계는 지금 경주에 큰 관심을 보이고 있다. 경주의 문화적 가치를 뒤늦게 발견하고 이를 인정하고 나선 셈이다. 특히 고도 전체가 유네스코 세계유산에 등재된 사례는 이탈리아 로마 외에는 찾아보기 힘들다는 점에서 세계유산 경주의 가치는 한류의 세계화에 힘입어 앞으로 더욱 빛을 발할 것이다.
　하지만 우리에게 신라는 여전히 많은 의문이 남아 있는 역사이자 유산이다. 외세인 당나라의 힘을 빌려 동족인 백제와 고구려를 친 신라는 민족의 배신자이고 반역자인가. 아니면 분열된 나라를 통합해 최초로 국가의 위상과 정치적 제도를 확립하고 신라 문화를 찬란하게 꽃 피워 후대에 위대한 유산을 남긴 통일국가인가. 두 개의 상반된 평가는 역사학자는 물론 일반인들 사이에서도 여전히 논란거리이다. '통일신라'라는 표현만 보아도 절대 통일신라라고 부를 수 없다는 주장과 부를 수 있다는 주장이 맞서는가 하면 이론적 담론과 배경을 두고도 서로 다른 주장으로 첨예하게 맞선다.
　신라가 삼국을 통일한 것에 대한 논쟁 못지않게 신라사新羅史에 대한 우리 역사학계의 평가와 시각도 철저하게 대립되어 있다. 학계는 3세기 말과 4세기 초 내물왕 이전의 역사 기록을 두고 《삼국사기》를 인정하느냐 인정하지 않느냐로 팽팽하게 맞서고 있다. 한쪽에서는 《삼국사기》와 《삼국유사》에 나오는 건국신화와 설화에는 초기 신라의 사회구조를 읽어낼 수 있는 중요한 이야기가 들어 있다고 주장한다. 신화를 통한 역사 읽기도 역사 연구의 주요한 자료로 인정할 수 있다는 논리이다. 다른 한쪽은 《삼국사기》 상대上代 부분의 초기 역사 기록은 사실로 인정하기 어렵다는 입장이다. 대신 중국의 사서史書인 《삼국지三国志》를 바탕으로 신라의 역사를 재구성해 사실상 신라 건국에서부터 내물왕까지의 역사 기록은 없다고 강력히 주장한다.

그러나 두 번째 주장은 일제강점기에 일본 학자들에 의해 만들어진 것이다. 일본 학자들은 4세기 후반 왜倭가 한반도 남부를 지배했다는 임나일본부설任那日本府說을 펴기 위해 《삼국사기》의 기록을 무시하고, 중국의 《삼국지》나 《후한서後漢書》를 인용한 것이므로 문제가 많다고 반박을 받는다. 1945년 이후 관학파官學派가 신라 초기 역사를 부정하는 주장을 그대로 받아들이는 바람에 우리 고대사 연구는 뿌리가 송두리째 빠져버리고 없다는 비판을 받고 있다.

이처럼 신라 역사는 통일신라 이후 역사를 어떻게 볼 것인가에 대한 논란은 물론 신라 건국 초기의 역사를 둘러싸고도 상반된 시각이 대립과 갈등을 유발해 거대한 장애물로 작용하고 있다. 이 장애물을 뛰어넘기까지 앞으로 얼마나 많은 시간이 더 걸릴지는 예측하기 쉽지 않다. 신라사는 서라벌 복원과 함께 우리가 다시 연구하고 기록해야 할 역사일지도 모른다.

통일신라는 없다

앞의 논쟁과 함께 백제와 고구려를 통합한 신라의 통일을 국사 교과서에 어떻게 기술할 것인지도 논란의 대상이다. 통합을 달성한 신라 정치인과 장수들을 민족의 반역자로 볼 것인가 영웅으로 볼 것인가 하는 의문 등 통일신라는 21세기 역사 논쟁의 중심에 여전히 살아 있다.

1980년대 이전에 학교를 다닌 세대는 국사시간에 배운 통일신라를 기억할 것이다. 고려나 조선보다는 비중이 크지 않았지만 우리 역사에서 빼놓을 수 없는 중요한 시대임에도 국사 교과서에서 통일신라가 사라진 지 오래라는 사실을 아는 사람은 그리 많지 않다. 일부 국사학자뿐만 아니라 일반인 가운데서도 통일신라를 이야기하면 신라가 삼국을 통일했다는 것은 말이 되지 않는다며 통일이라는 말에 반발하는 경우가 있다. 대동강에서 원산만 이남의 영토까지를 확보하는 데 그쳤고 고구려 영토 대부분과 만주 영토를 잃었으므로 불완전한 통일이라는 것이다. 게다가 고구려의 옛 땅에 발해가 건국되어 남북국의 형세를 보였기에 통일신라라고 칭하는 것은 이치에 맞지 않다는 주장이다.

언제부터인지는 정확하지 않지만 기존의 역사 기술에 대한 반론이 만만치 않게 제기되면서 신라는 민족의 반역자라는 누명을 쓰게 되었고 삼국통일의 의미도 크게 퇴색되었다. 신라가 외세인 당나라의 도움을 받아

'동족'인 백제와 고구려를 쳤다는 것이 주요한 이유였다.

통일신라가 사라진 자리에는 발해사에 대한 새로운 인식과 함께 '남북국南北國시대'라는 말이 등장했다. 남북국 역사에서는 고려가 최초로 통일국가를 이룬 것으로 평가된다. 고구려를 계승하는 뜻에서 나라 이름을 고려로 정하고 친척의 나라로 여겼던 발해 유민을 받아들였으며 요遼나라를 적대시하는 등 비로소 한민족 통일국가로서의 모습을 갖추었다는 것이다.

신라가 민족의 반역자인가 하는 의문은 자연스럽게 삼국통일을 주도한 김춘추와 김유신이 우리 민족의 반역자인가 하는 의문으로 이어진다. 김춘추는 국내 유명 만화에서 민족의 배신자로 그려졌으며, 한 여론조사에서는 이완용과 함께 역사상 가장 악한 인물 20명에 들기도 했다. 현대 우리나라 사람 다수가 김춘추를 부끄러운 인물로 인식하고 있음을 보여주는 결과이다.

그러나 통일신라시대는 우리 역사에 획을 그은 259년이었다. 의미와 중요성 그리고 정치적·사회적 특징 등 많은 면에서 앞선 삼국시대나 고려시대와 분명히 선을 그은 시대였다. 1970~1980년대 국사 교과서는 통일신라시대를 대략 다음과 같이 묘사했다.

> 신라의 삼국통일로 우리 민족은 비로소 단일국가를 이루었고 문화적으로는 고구려·백제·신라의 삼국 문화를 융합하고 밖으로는 당의 문화를 받아들여 민족문화의 기틀을 마련하였다. 통일신라는 실질적으로 민족을 통일하여 정치·군사·외교·문화 등 여러 분야에 걸쳐 민족사의 획기적인 발전에 기여하였다. 이

무열왕과 함께 삼국통일을 주도한 김유신의 묘.

시대에 완성된 전제정치의 권위는 고려와 조선으로 이어져 내려왔으며 이 시대에 확립된 관료제도는 한국 전통 사회의 원형이 되어 19세기 말까지 우리나라 정치제도의 근간이 되었다.

이처럼 통일신라는 우리 역사에서 고유한 시대적 문화와 특성을 지닌 시대라는 평가를 받았다. 적어도 1980년대 초까지 국사 교과서에서는 통일신라를 이렇게 기술했다.

통일신라시대를 주장하는 사람들은 남북국시대를 주장하는 사람들이 삼국통일의 의미를 애써 과소평가한다고 지적한다. 통일 과정에서 백제와 고구려 정벌에 지나치게 초점을 맞춘 것과 고구려 멸망 이후 당나라 군대의 축출을 소홀히 평가함으로써 신라에 의한 통일을 폄훼한다고 반박한다. 혹자는 우리나라 최초로 민족통일국가 탄생의 의미를 애써 축소하고 의문을 제기하는 것이 누구를 위한 것인지 반문한다. 통일신라의 부정은 중국이 주장한 것으로, 제대로 된 체제와 규모를 갖춘 통일국가의 탄생을 이웃 국가인 중국이나 일본이 인정하고 싶지 않았음이 자명하기 때문이다.

신라 통일에 대한 가장 부정적인 시각은 외세인 당나라를 끌어들여 같은 민족인 백제와 고구려를 쳤다는 것인데 통일신라시대를 주장하는 사람들은 신라와 백제, 고구려가 과연 동족인가에 강한 의문을 제기한다. 당시 삼국을 동족으로 보는 것은 무리라는 의견이다. 신라가 삼국을 통일한 7세기에는 민족주의가 존재하지도 않았으며 신라는 외세를 불러들여 외세를 친 것이라고 주장한다.

삼한 일통一統을 이룩한 이후 신라는 계속해서 북쪽의 축소된 영토를 회복했고 고구려 유민의 귀화와 투항을 유도하여 진정한 통일을 위해 노력했다. 삼국통일은 나당羅唐의 연합 전쟁으로 시작하여 백제·고구려의 멸망과 당군 축출이라는 과정을 거쳤지만, 김춘추와 김유신으로 대표되는 신흥 세력의 등장이라는 정치 상황과의 관계 속에서 봐야 한다는 주장도 있다. 통일신라론의 입장에서 보면 신라의 삼국통일은 외세에 의해 타율적으로 이루어진 것이 아니라 외세를 능동적으로 이용하여 자율적으로 이루었다는 결론이다. 이런 맥락에서 보면 신라는 자력에 의해 통일을 완수했으며 이러한 노력의 결과로 일반 백성들의 지위가 향상되고 이를 통한 광범위한 민족 통합은 한민족 형성의 기틀이 되었다는 말이다. 한 걸음 더 나아가 우리 역사상 김춘추야말로 가장 위대한 정치인이라고 치켜세우는 역사학자도 있다. 이처럼 신라의 역사와 인물에 대한 극단적 평가가 이어지는 것을 보면 21세기에도 신라가 여전히 살아 있는 것 같아 흥미롭다. 한국 고대사학자인 이종욱 교수는 지난 2009년 출간한 《춘추春秋》를 통해 김춘추는 비난을 받을 인물이 아니라고 강조한다.

"춘추는 한국 역사상 가장 치열했던 격동의 시대를 이끈 영걸한 군주다. 신라의 삼한 통합 전쟁은 신라가 가진 모든 힘을 쏟아붓고 당나라의 군대까지 동원해 벌인 국제 전쟁이었다. 그 결과 신라는 삼한을 통합했고, 한국 역사의 방향을 새롭게 결정한 것이 사실이다."

이종욱 교수는 한국과 한국인은 신라의 역사적 유산이 만든 산물인데 이런 역사적 사실을 무시하며 고구려를 그리워하고 자랑스러워하는 것은 민족사가 만든 역사의식 또는 역사관을 따르기 때문이라고 지적한다.

"고구려나 백제가 아니라 신라가 삼한을 통합했다는 사실은 중요한 의미를 지닌다. 현재 다수의 한국인은 김씨, 박씨, 이씨, 정씨, 최씨 등 신라인을 시조 또는 중시조로 하는 성을 가지는 씨족에 속한다. 당시 신라, 백제, 고구려인은 같은 민족이라는 생각을 한 적이 없었다. 세 나라는 각기 다른 왕국으로서 정복하느냐 정복당하느냐 하는 전쟁을 치렀을 뿐이다. 그 전쟁에서 신라가 승리했고 백제와 고구려는 멸망했다. 그 결과 신라의 통합 이후 한국의 역사에서 백제와 고구려 사람은 물론 역사적 유산까지 사라져버렸다. 현재 한국인 중 백제나 고구려인을 시조로 하는 성을 가진 씨족을 찾기 어려운 것은 그 때문이다."

이종욱 교수에 따르면, 김춘추는 한국사의 많은 갈림길을 하나로 묶어 현재의 한국과 한국인이 있도록 한 인물이며 동시에 주도면밀하게 삼한 통합을 준비하여 통합의 기틀을 마련한 군주이다. 김춘추의 지성과 리더십, 판단력, 인내력과 설득력, 중국을 통한 세계화 실현 등은 당시로서는 탁월하고 놀라운 능력이었다.

신라와 신라인에 대한 역사적 평가가 이렇게 엇갈린다면, 역사적 평가가 시대나 사람에 따라 달라지는 것인지 또는 신라사를 어떻게 보아야 할지 일반인은 접근하기 더더욱 어려워질 것이다. 그렇다 하더라도 신라사에 대한 논란의 틈바구니에서 일반인이 배우는 역사란 결국 그 시대의 승자에 대한 기록 이상이 아니라는 사실이 아닐까. 이러한 의문들이 신라 문화와 문화재에 대한 우리의 인식과 자세에 영향을 줄 수밖에 없었다는 사실을 깨닫는다면 경주 복원과 세계유산에 대한 우리의 생각과 자세 모두를 다시 생각해보아야 할 것이다.

1990년대부터 등장하기 시작한 '남북국'이라는 말은 조선 정조 때 실학자 유득공이 《발해고渤海考》 서문에서 처음으로 사용했다. 우리 역사의 무대를 한반도에 국한하지 말고 보자는 의미에서 많은 사람들이 남북국시대라는 말을 타당하게 받아들이고 있다. 우리나라 역사에서 발해를 우리 민족의 국가로 언급하기 시작한 것은 그리 오래되지 않았다. 불과 200~300년 전까지만 해도 발해는 우리나라가 아니었다. 《삼국사기》에는 발해에 대한 기록이 없다. 《삼국유사》에는 발해에 대한 이야기가 극히 부분적으로 나오지만 우리 역사라는 인식은 찾아볼 수 없다.

발해를 우리 역사로 인정하기 시작한 것은 조선 후기 실학자들의 제기에 의해서다. 실학자들은 남쪽에는 신라, 북쪽에는 발해가 존재했으므로 이 시기를 남북국시대라 불러야 한다고 주장했다. 조선 후기 실학자들의 주장은 신채호와 같은 민족주의 사학자에 의해 계승되어 오늘에 이른다. 그들은 신라의 삼국통일을 통일이라 부를 수 없다고 주창했다. 삼국통일이나 통일신라 같은 용어를 사용할 경우 옛 고구려 땅에 세운 발해를 우리 민족이 세운 나라로 인정할 수 없으며 발해가 고구려를 계승한 나라라고 하기도 어렵기 때문이다.

남북국시대의 개막

통일신라시대가 사라지고 남북국시대로 우리의 역사를 새롭게 기술하는 국사 교과서는 대개 남북국시대의 시작을 이렇게 묘사한다.

"신라가 삼한 통합의 전리품을 챙기고 국가제도를 개혁하고 내정을 다스리는 사이 압록강 북쪽에서는 새로운 움직임이 일어났다. 대조영이 고구려 유민을 모아 발해를 건국하고 고구려의 후신임을 자처했다. 이제 우리 역사는 북쪽의 발해, 남쪽의 신라라는 남북국시대가 시작된다."

"고구려가 망한 지 30년 만에 고구려 계승을 천명하고 건국된 발해는 한반도의 동북부에서 연해주까지 이른 신흥 강국으로 옛 고구려 땅을 대부분 회복하였다. 그리고 당나라는 물론 일본과의 활발한 교역을 통해 막강한 경제력도 갖춰 해동성국海東盛國이란 이름까지 얻게 되었다."

유득공은 《발해고》에서 남북국시대론을 다음과 같이 제기했다.

"백제의 부여씨가 망하고 고구려의 고씨가 망한 후에 김씨가 남쪽(신라)을 차지하고 대大씨가 북쪽을 차지하고는 발해라 했으니 이것을 남북국이라 한다. 거기에

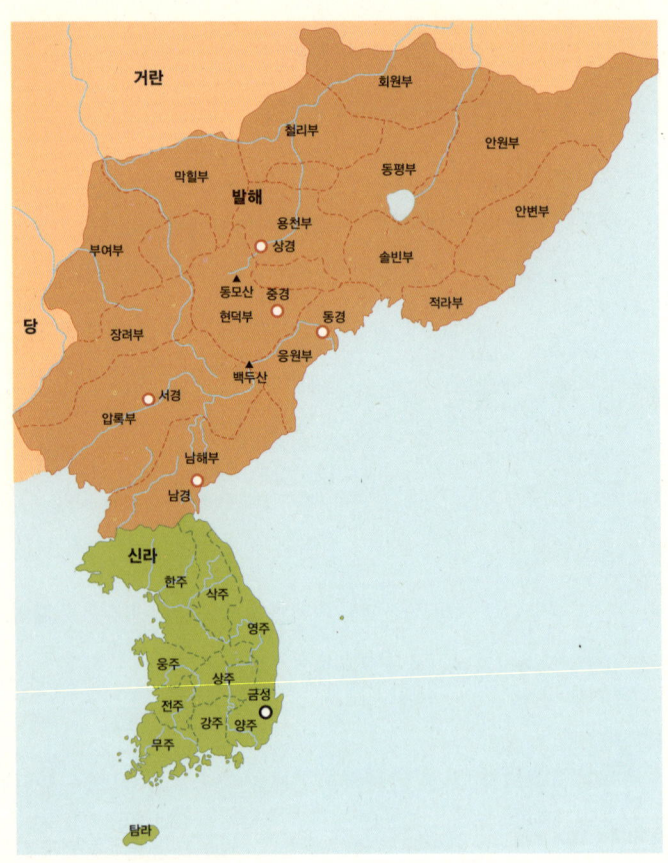

남북국시대의 신라와 발해 강역

는 마땅히 남북국의 사서가 있었을 텐데 고려가 편찬하지 않은 것은 잘못이다."

통일신라시대라는 용어를 통용하던 때에 발해는 통일신라시대 이후 큰 비중 없이 건국에서 멸망까지 간단하게 묘사되었다. 역사적 평가에도 문제가 있지만 역사적 기록이 그만큼 많지 않기도 했다. 우리 역사의 시대 분류가 통일신라시대에서 남북국시대로 바뀌면서 발해는 통일신라와 대등하게 기술되고 있다.

신라의 삼국통일을 비판적으로 보는 이론적 배경 속에서 현대 한국사학이 만들어낸 민족·민족사·민족주의 사학史學의 틀을 지적하는 학자들이 많다. 민족·민족사·민족주의 사학은 고구려·백제·신라를 동족의 나라로 보았다. 해방 이후 관학파가 만들어낸 민족사는 김춘추를 당이라는 외세를 끌어들여 백제를 멸망시킨 반민족행위자로 묘사했으며 고구려의 광개토대왕과 을지문덕, 연개소문은 민족수호자의 표상으로 만들었다. 하지만 앞서 말했듯 민족이라는 개념은 20세기 이후 처음 사용되었다.

한국의 고대사인 가야사 연구로 박사 학위를 받은 노르웨이 오슬로대학교 박노자 교수는 〈신라는 민족의 배신자인가〉라는 글을 통해 다음과 같이 주장했다.

"1980년대 좌파 민족주의 영향으로 통일신라시대가 남북국시대로 대체되었다. 북한은 이미 1956년판 《조선통사》에서 삼국통일이란 용어를 사용하지 않았다. '신라와 당의 연합군에 의한 백제와 고구려의 정복'이라고 서술했다. 1991년판《조선통사》에서는 영토 야욕을 채우려고 외래 침략 세력을 끌어들인 신라 봉건 통치배로 기술하고 고구려 유민이 세운 강성대국 발해의 정통성을 강조했다."

해방 이후 적어도 1970년대 말까지는 통일신라시대라는 표현과 용어가 지배적이었고 국사 교과서에도 그렇게 사용했다. 고구려의 영토 일부를 상실한 것은 유감이지만 삼국을 통일한 화랑정신과 김유신의 위업을 찬양하고 '우리 민족이 대동강 이남에서 최초로 단일 정부 밑에 단일 국가가 된 것'이라 표현했다. 1980년대 좌파 민족주의가 힘을 얻으면서 삼국통일은 통념으로서의 위치를 잃어버렸고, 1990년대에 들어서는 역사학계의 소장파를 중심으로 통일이라는 용어를 사용하긴 했으나 통일의 불완전함과 '남북국시대'라는 그 다음 시대의 성격을 강조하는 것이 주요한 흐름이었다. 일부 중진重鎭 학자들은 신라는 통일을 완수할 의도나 힘이 전혀 없었다고 단정하고 통일신라시대 대신 신라와 발해 또는 남북국시대라는 용어 사용을 적극 주장하고 나섰다.

이러한 주장의 영향으로 통일신라는 학자들에 따라 '신라의 삼한 통합' '신라의 반도 통합' '후기 신라' '대大신라' 등으로 매우 다양하게 쓰이고 있다. 이제 통일신라라는 용어는 한국사에서 사라지고 있다고 할 수 있다. 특히 2000년대에 들어 고구려와 발해를 둘러싼 중국과의 역사 전쟁이 확대되면서 신라의 반민족적 외세 끌어들이기와 만주 영토 상실에 대한 비판이 더욱 일반화되는 양상을 보이고 있다. 일찍이 신채호는 다른 민족을 끌어들여 동족인 고구려와 백제를 없앤 김춘추를 역사의 죄인이라 단죄하고 단군 이후로 우리 민족의 모든 영토를 제대로 통일한 사람은 없었다고 단정했다. 이에 박노자 교수는 통일신라에 대한 비판적 해석이 다음과 같은 점들을 간과하고 있다고 지적했다.

"신라 지배자들의 반민족적 행동을 통렬히 비판하는 목소리는 친일파에 대한 비판으로도 현재적으로 해석될 수 있다. 오늘날과 본질적으로 달랐던 1500년 전의 상황에 오늘날의 논리를 그대로 적용시키는 것은 과연 타당한가? 실제로 신라인은 고구려나 백제를 동족으로 보지 않았다. 554년 신라와의 전투에서 백제 성왕이 전사하자 불구대천의 적이 되었다. 적에 둘러싸여 궁지에 몰린 신라는 당나라 태종의 대외정책에 편승했다고도 볼 수 있다. 그 결과 만주의 상실이라기보다는 전쟁을 종식시키고 영토를 확충시킨 신라 문화의 전례 없는 융성과 고구려의 계통을 이은 발해의 등장을 가져왔다. '우리 민족'을 고대에 투영해 고구려를 높이고 신라를 낮추고 만주의 상실을 애통하게 여기는 '역사정치歷史政治'는 학술적으로 타당하지도 않고 정치적으로 바람직하지도 않다."

박노자 교수는 한국 사람들의 역사 보기 특히 고대사 보기의 허점을 '위대한 고대사'와 '수난의 현대사'라는 새로운 이분법으로 해석했다. '위대한 고대사'는 100년 전 외세에 의해 국권이 침탈되는 상황에서 민족주의 사학자들이 '수난의 현대사'에 대응해 만들어낸 관념이라는 해석이다. 역사에 대한 시각은 시대에 따라 변하는 만큼 지금과 같은 다문화시대에는 고대사를 타자에 대한 투쟁이 아니라 타자와의 교류와 융합 중심으로 보는

발해 석등이라 불리는 흥륭사석등.
고구려의 기상을 이어받은 듯 강인한 조형미가 느껴진다.

것이 좋다고 주장했다.

　고구려 후예가 세운 나라라는 역사적 의미를 부여해 우리가 각별한 관심을 기울이고 있는 발해의 역사를 중국이나 러시아는 어떻게 볼까. 중국은 발해를 당나라 지방 정권의 하나로 보고 발해의 건국 시조인 대조영과 주민은 고구려 유민이 아닌 말갈족으로 본다. 결국 발해를 중국 다민족사의 일부분으로 분류한 셈이다. 러시아는 발해를 극동 지방의 여러 종족 가운데 말갈족이 세운 언어를 달리하는 국가로 구분하고 한국사나 중국사의 일부가 아니라고 주장한다. 이처럼 발해는 한국, 중국, 러시아 사이에서 각기 다른 역사적 평가와 대접을 받고 있다.

　고구려를 계승했다는 고려가 발해의 역사를 정리하지 않은 점과 고려 때 편찬된 《삼국사기》에 발해가 언급되지 않은 점은 역사학계의 풀리지 않은 의문이다. 우리나라에는 발해에 관한 기록이 없기 때문에 중국의 사료를 이용할 수밖에 없는데 중국 역사서 역시 발해에 대한 기록이 충분하지 않아 발해사의 많은 부분을 밝히지 못하고 있다.

　발해는 713년 대조영이 건국한 이후 926년 거란에 의해 멸망할 때까지 213년 동안 존립했다. 통일신라시대로 분류되는 259년보다는 46년이 짧다. 발해는 신라가 삼한을 통합한 지 37년 뒤 나라를 세우고 신라보다 9년 먼저 멸망했다. 발해 유민은 나라가 멸망한 뒤 유랑생활을 하다 왕건이 나라를 세우기 직전 고려에 투항했다.

　우리가 고구려를 비롯한 만주 대륙의 역사 다시 보기를 확대하자 중국은 더욱 치밀하게 대응하기 시작했다. 2010년 12월, 중국 정부는 중국 지린

고구려의 전통을 계승하면서도 발해 특유의 정서가 드러나는 정효공주의 무덤 벽화.

성吉林省 지안현集安縣 장천1호 무덤과 삼실총三室墳에서 주작도朱雀圖 등 고구려 벽화 여러 점이 도굴당했는데 한국에 있는 것으로 확인되었으니 유네스코협약에 따라 고구려 벽화가 본래 모습을 되찾을 수 있도록 협조를 바란다며 반환을 요청해왔다. 그 시점에서 다음과 같은 의문을 갖지 않을 수 없었다. 옛 고구려 땅에 남아 있는 문화유산은 우리의 유산인가 아니면 중국의 유산인가. 우리 민족이 한때 지배한 땅을 중국이 다시 가져간 것인가 아니면 중국의 땅을 우리가 일시적으로 지배한 것인가. 고구려 역사는 한민족의 역사인가 아니면 중국 변방의 역사인가.

중국은 동북공정東北工程(중국 국경 안의 모든 역사를 중국 역사로 만들기 위해 2002년부터 추진하고 있는 중국 동북쪽 지역의 역사와 현상에 관한 프로젝트)을 확대하면서 고구려의 역사와 문화를 중국 문화유산에 등재하는 등 발 빠르게 움직이고 있다. 신라의 삼한 통합을 어떻게 보고 기록할 것인가 하는 문제는 고구려와 발해의 역사적 평가에 현재 한·중 양국의 갈등까지 더해 더욱 복잡한 양상을 띨 가능성이 크다. 통일신라의 역사적 기록을 둘러싼 학자들 사이의 첨예한 대립과 갈등을 보면 과연 역사는 지금 우리가 살고 있는 남북 분단의 시대를 어떻게 기록할지 궁금해진다. 먼 훗날 이 시대도 현재의 통일신라시대만큼 논쟁거리가 되는 것은 아닐까.

서라벌은 서라벌이다

　통일신라시대가 사라진다면 신라의 수도 서라벌은 어떻게 될까. 신라와 삼국통일의 의미가 퇴색된 상황에서 서라벌은 어떻게 지켜지고 연구될 것인가. 서라벌에 대한 관심과 연구는 지난 1970년대 말을 마지막으로 거의 중단된 것이나 다름없다. 고고학자들에 따르면 박정희 대통령 재임 당시 세웠던 경주관광종합개발계획이 대대적인 경주 개발·발굴의 처음이자 마지막이었다. 1980년대 이후 역사학자들의 관심은 자연스레 고구려 쪽으로 옮겨갔고 중국의 동북공정을 둘러싼 갈등 속에 서라벌은 관심 밖으로 조금씩 밀려날 수밖에 없었다. 역사에 대한 평가는 그 시대 주류의 주관적 평가일 수밖에 없다. 문제는 역사적 평가와 인식이 문화재 보존과 관리에 얼마나 영향을 미쳤는가 하는 것이다.

　신라를 둘러싼 역사적 평가를 둘러싸고 아무리 논쟁을 하더라도 서라벌은 서라벌이다. 통일신라시대인가 남북국시대인가에 관한 논쟁과 다툼은 있을 수 있지만 서라벌을 둘러싼 논쟁은 있을 수 없다. 역사를 어떻게 기술하건 천 년 수도로서의 서라벌의 가치는 결코 훼손될 수 없고 훼손되어서도 안 된다. 통일신라시대의 서라벌과 남북국시대의 서라벌이 다른가. 역사적 평가의 대립 속에 세계유산이 된 고도를 제대로 보지 못하고 지키지 못하는 우를 범하고 있는 것은 아닌지 묻고 싶다. 사라진 왕조에 대한 평가는 사람이나 시간의 흐름에 따라 다를 수 있으나 고대 도시가 남긴 문화유산과 가치는 객관적으로 평가되고 기록되어야 한다.

우리나라는 1인당 국민소득 3만 달러를 목표로 하며 선진국으로 도약하려 한다. 문화유산도 우리의 경제 규모와 나라의 위상에 걸맞게 지켜야 한다. 많은 사람들이 국격國格을 이야기한다. 개인에게 인격이 있듯 나라에도 국격이 있다는 것인데 참 좋은 말이다. 국격을 갖추는 데에는 수많은 방법이 있을 것이나 우리 문화의 옷을 새로 갈아입혀 우리나라의 국격을 높이는 것이 시급하다. 훼손되거나 방치된 문화재를 제대로 복원하는 일은 우리나라가 선진국으로 발돋움하기 위해 우리가 반드시 수행해야 할 문화적 과제이다. 유네스코가 경주 곳곳을 연이어 세계유산으로 등재하는 것은 어쩌면 문화 유적에 아무런 도움이 되지 않는 역사적 논쟁에 일침을 가하기 위해서인지도 모른다. 해방 이후 식민사관과 민족주의에 좌파와 우파의 이념까지 덧씌워진 신라의 수도 서라벌이 아닌 문화유산으로서의 서라벌을 제대로 보아야 한다고 말이다.

ⓒ김충희

천 년 왕조의 멸망

신라인의 천명론

　신라는 당나라의 힘을 빌려 삼한을 일통한 이후 이전과는 다른 문화적 번영을 누리며 후대에 눈부신 업적을 많이 남겼다. 신라 문화의 정수이며 완결편이라는 평가를 받는 불국사는 751년(경덕왕 10)에 창건을 시작했다. 석굴암의 착공 역시 같은 해인 751년이다. 불국사와 석굴암 두 사찰은 김대성이 51세 때 건립에 착수해 774년(혜공왕 10), 74세의 나이로 생을 마칠 때까지 한국 불교의 최고작을 만들기에 온 생을 바친 고귀한 신라 문화유산이다.

　674년에 월지를 만들고 760년에는 임해전을 지은 월성은 대내외에 위용을 과시하기에 손색없는 모습을 갖췄다. 세계에서 가장 우수한 동종銅鐘으로 '이전에도 없고 이후에도 없고 오직 하나 에밀레종이 있을 뿐'이라는 평가를 받는 성덕대왕신종도 경덕왕 때 만들기 시작하여 771년(혜공왕 7)에 완성되었다. 이뿐만이 아니다. 남산 미륵곡 석불좌상, 칠불암 마애석불, 신선암 마애보살반가상, 남산리 삼층쌍탑 등 남산 곳곳에 헤아릴 수 없을 정도로 흩어져 있는 불교 문화재와 보물도 대부분 8세기에 만들어진 소중한 유물이다.

　이처럼 신라는 삼국을 통일한 이후 신라 문화를 대표하는 훌륭한 문화유산을 후대에 남기며 이전과는 매우 다른 문화적 번성기를 누렸다. 그토록 찬란한 문화를 꽃피우던 통일신라는 왜 막을 내리게 되었을까. 신라의 멸망 원인에 대해서는 시대에 따라 학자에 따라 다양한 원인이 제기되고 있다. 학자들이 제기한 다양한 원인을 알아보기에 앞서 우선 당시 신라인은 신라의 멸망 원인을 어떻게 인식했을지 그 시대로 돌아가 알아보는 것도 역사를 보는 좋은 방법일 것이다.

각종 자료에 따르면 신라인은 신라의 멸망 원인을 하늘의 뜻으로 받아들였다. 이름 하여 천명론天命論이다. 신라 왕권의 지배력은 880년 후반 진성여왕이 즉위한 이후에 급격히 위축되었는데 왕경을 중심으로 주변의 경상도 일부 지역에만 겨우 미칠 뿐 지방 군현 대부분은 중앙의 통제로부터 벗어났다. 더구나 농민의 조세 거부와 반란이 전국에 걸쳐 일어나는 등 사회 기반이 빠른 속도로 무너지고, 이러한 사회현상 속에 농민 사이에서는 말세의식이 널리 확산되고 있었다. 이미 이때부터 신라 몰락의 조짐이 있었다. 당대의 지식인은 물론 일반 백성도 신라의 몰락을 충분히 예견했을 것이다. 경순왕이 고려에 항복하기 50여 년 전의 일이다. 최치원은 당시의 상황을 다음과 같이 한탄했다.

"모든 환난이 한꺼번에 밀어닥쳤으니 이제 어진 나라는 변해서 병든 나라가 되었습니다.……큰 흉년이 들어 좀도둑이 사방에서 일어나 처음에는 늑대와 이리의 탐욕을 부리더니 지금은 군읍이 모두 적굴이 되었고 산천이 모두 전장이니 하늘의 재앙이 어찌 우리 해동海東에만 흘러드는 것이겠습니까?"

935년 고려 귀부歸附(경순왕이 고려 왕에게 나라를 바치고 스스로 신하가 됨을 일컬음)를 앞두고 열린 군신회의에서 태자가 왕에게 말한 내용을 보면 신라인이 신라의 운명을 하늘의 뜻으로 해석한 것이 더욱 분명하게 드러난다.

"나라의 존망에는 반드시 천명이 있으니 오직 마땅히 충신과 더불어 민심을 수습하여 스스로 나라를 굳게 하다가 힘이 다한 때에 말 것이니 어찌 천 년 사직을 하루아침에 남에게 내어주겠습니까?"《삼국사기》경순왕 9년)

"때는 난세에 해당하고 운은 천 년 만에 돌아오는 시기에 해당했습니다. 태조가 천명을 받음에 있어서 사람들이 성덕을 알고 마음을 돌렸습니다. 신라는 스스로 멸망할 때를 만났으며 고려는 다시 일어날 운을 타고 있었습니다."《고려사》최승로 상서문)

10세기 들어 나라가 기울면서 서라벌 사람들이나 신라인들은 신라의 멸망을 피할 수 없는 천명, 즉 하늘의 뜻으로 여겨 거의 포기하고 받아들인 것이라 짐작된다.

신라의 폐망 원인에 대해 적지 않은 고려인들은 불교 폐해가 너무 지나쳐 신라가 망했다는 불교망국론을 제기했다. 김부식은 《삼국사기》에서 "신라는 불교가 지나치게 성행하여 전국에 걸쳐 절과 탑이 즐비하고 특히 평민이 승려가 되면서 병졸과 농민이 점점 줄어 국가가 운영하는 병농마저 줄어들어 점차 나라가 쇠퇴해갔으니 어찌 어지러워지고 망하지 않겠는가"

라고 기록했다. 신라 말 불경과 불상 모두에 금은을 사용하는 등 사치가 지나쳐 신라가 멸망하기에 이르렀다는 의견도 있었다. 고려 유학자들의 역할과 활동을 생각해보면 불교망국론은 불교를 배척한 당시의 정치 상황 속에서 정략적으로 부풀려진 면이 많다. 당시 신라인이나 고려인은 신라 멸망에 대해 그 시대 나름대로의 원인을 찾고 있었다.

당과 발해 그리고 신라의 멸망

　신라의 몰락을 동북아시아 범위로 확대해 바라보면 매우 흥미로운 사실을 발견하게 된다. 신라 멸망 전후로 중국과 일본 등 동북아시아 왕조 대부분은 몰락하거나 정권이 교체되는 수난을 겪었다. 10세기 들어 이미 왕실의 권위가 추락할 대로 추락한 신라는 결국 제56대 경순왕을 마지막으로 935년에 천 년 왕조의 막을 내렸다. 신라 멸망에 앞서 당나라도 제20대 애종哀宗을 끝으로 907년 멸망했다. 발해는 926년 갑자기 멸망했다. 동북아시아 세 나라가 불과 20여 년 사이에 모두 몰락한 것이다. 일본은 9세기 말 왕친정체제가 붕괴되고 섭정체제가 시작되어 11세기 후반까지 이어지는 정치적 변혁기를 맞이했다. 이렇듯 동북아시아 국가들이 모두 큰 정변에 휩싸였는데 각국의 정치적 상황을 감안하더라도 우연의 일치라 보기는 어렵다.

　당시 당나라는 세계적인 제국이었다. 수도 장안은 인구 100만 명으로 아시아 전역의 상인과 학생 순례자들이 찾아오는 세계 최대 도시였다. 그러나 세계적으로 위세를 누리던 당나라도 안녹산安祿山의 난을 겪은 이후 쇠퇴기로 접어들었다. 균전제(수나라·당나라 때의 토지 및 조세 징수 제도)가 파괴되고 토지 대부분이 지주에게 속하게 되어 농민의 생활이 점차 붕괴되자 도망가는 농민이 늘어났다. 어떤 왕조든 농민이 자신의 생명과도 같은 농토를 버리고 떠나는 것에서부터 멸망이 시작된다고 할 수 있다.

의종㦤宗 통치 하에서 당나라는 몰락한 상태나 다름없었다. 그는 통치에는 관심이 없고 주색과 사치에 빠진 나날을 보냈다. 873년(의종 14) 해안 지역에 큰 가뭄이 들어 가을 수확을 기대하기 힘들었다. 거기에 관리의 세금 수탈까지 극심해져 백성은 더욱 굶주렸다. 귀족과 일반 백성의 양극화는 갈수록 심해졌으나 당나라 황실은 이를 심각하게 여기지 않았다. 농민들의 반발은 예견된 일이었다. 이때 발생한 황소黃巢의 난은 당나라 멸망의 신호탄이었다. 봉기를 시작할 때 봉기군은 수천 명 정도였으나 순식간에 50~60만 명으로 늘었다. 비록 실패로 끝났지만 황소의 난은 10여 년 동안 황하, 장강, 주강 등 무려 12개 성에 걸쳐 세력을 떨쳤으며, 이로 인해 한나라시대와 위진남북조시대 이래 형성된 문벌귀족이 붕괴되었다. 황소의 난을 진압한 이후 당 왕조는 20여 년을 겨우 지탱하다가 멸망했다.

당나라는 270여 년 동안의 존립 끝에 907년에 멸망했다. 당나라가 멸망한 뒤 중국은 분열의 시기를 맞이했다. 북방은 양梁, 당, 진晉, 한漢, 주周 다섯 왕조가 차례로 나타나 53년간 통치했다. 이 시대를 5대五代라 부른다. 동시에 남방은 아홉 왕조가 흥망성쇠를 거듭했는데 북방의 북한北漢을 합하여 10국十國이라고 했다. 5대 10국 시기의 할거割去정권은 가혹한 통치로 중원에 많은 재난을 초래하여 10세기 말 중국 백성에게는 어려운 시기가 계속되었다. 당나라는 지방 절도사들이 번진藩鎭(군대를 거느리고 지방을 다스리는 관아)을 세력화하여 중앙정부에 도전한 결과 하남 지역의 선무절도사 주전충朱全忠이 907년 애제를 폐위시키고 후량後梁을 세웠다.

당나라의 멸망은 인접한 발해에 직접적인 영향을 미쳤다. 급속히 성장한 거란은 925년 12월 발해를 공격한 지 사흘 만에 전략 요충지인 부여성을 함락하고 수도 상경용천부上京龍泉府를 포위했으며 발해의 마지막 왕 인선諲譔에게 항복을 받아냈다. 거란의 기록에 "우리의 시조는 발해의 국내가 서로 뜻이 맞지 않는 틈을 타 싸우지 않고 이겼다"라고 되어 있는 것을 보면 발해 멸망 원인이 단순히 거란의 침략이 아닌 발해 내부 종족 간의 갈등일 가능성이 있다. 발해 제15대 인선이 재위했던 10세기 초엽은 동북아시아 전체의 격변기였다. 신라는 중앙 통제력을 잃고 지방 호족 세력의 주도로 후삼국시대가 전개되었다.

이미 9세기 헤이안시대에 중앙집권국가가 와해되기 시작한 일본은 왕의 외척 후지와라 요시후사藤原良房에 의해 시작된 섭정이 11세기 말까지 이어졌다. 후지와라 가문은 150년 동안 권세를 누렸지만 왕자가 태어나지 않는 일이 계속됐다. 1068년 후지와라 가문과 외척 관계가 없는 고산조後三條왕이 즉위하면서 후지와라 가문의 권세는 막을 내렸고 고산조왕은 왕가의 권위를 회복하기 위해 정치 쇄신을 단행했다.

이처럼 10세기 동북아시아는 거대한 정치적 변혁의 바람을 맞고 있었다. 신라 역시 지방 농민들의 궁핍화 속에 천 년 왕조의 권위가 추락하는 것을 그저 지켜볼 수밖에 없었다. 어느 누구도 역사의 시계를 되돌릴 수 없는 상황이었다.

계속되는 자연재해

많은 역사학자가 당시 동북아시아 국가들이 비슷한 시기에 몰락한 주요 원인을 내부의 정치적 혼란이라고 해석한다. 하지만 여기에서 주목하려는 것은 당시 동북아시아 일대에서 발생한 유례없는 자연재해와 그 재해가 왕권의 통치와 붕괴에 미친 영향이다.

《삼국사기》에는 짧지만 많은 기록이 거의 매년 이어져 자연재해에 따른 고통이 얼마나 심각했는지를 짐작할 수 있다. 진성왕대에 시작된 기상이변은 효공왕에 이르러 더욱 심해져 효공왕 9년(905)부터 신덕왕까지는 더욱 거의 매년 극심한 자연재해로 농작물이 큰 피해를 입었다. 효공왕 10년 (906) 4월과 5월의 불우不雨(비가 오지 않음)를 시작으로 11년(907)의 춘하무우春夏無雨(봄부터 여름까지 한 번도 비가 오지 않음), 12년(908) 3월의 서리 강상降霜(서리가 내림), 같은 해 4월의 우박 등 거의 해마다 천재지변이 일어났다. 이러한 재해는 신덕왕대에 이르러 더욱 극심해져 신덕왕 2년(913)부터 4년 (915)까지 3년 동안 봄마다 서리가 내렸고 신덕왕 4년에는 해안가에 해일이 덮쳤다. 또 신덕왕 2년 4월과 신덕왕 5년(916) 10월에는 지진이 발생해 민심이 극도로 흉흉했다고 전한다.

당시 신라 하대는 서라벌 왕정이 이미 제 기능을 잃고 곳곳에서 지방 호족 세력이 힘을 키우며 서로 경쟁하고 있던 때였다. 이러한 상황에서 한

해도 빠지지 않고 자연재해가 발생했다면 피해 정도가 어땠을까. 특히 봄철인 3, 4월의 서리와 가뭄 그리고 우박은 농업 생산에 커다란 경제적 손실을 입혔을 것이며, 자체 생산능력이 미흡해 지방 물자 유입에 의존하던 서라벌은 대처 능력을 잃었을 것이다.

당시의 자연재해 가운데 가장 규모가 컸던 것은 백두산 화산 폭발일 것이다. 백두산 화산 폭발의 정확한 연대는 아직 밝혀지지 않았으나 10세기에 백두산에서 화산이 폭발했다는 데에는 이견이 없다. 기원후 79년 이탈리아 폼페이를 순식간에 매몰시킨 베수비오 화산의 수십 배 규모의 폭발이었으며, 화산재는 동해를 건너 일본에까지 퇴적되어 큰 피해를 입혔다. 우리나라는 최근 들어 백두산 화산 폭발에 관심을 보이기 시작했으나 일본에서는 이미 오래전부터 10세기 백두산 분화의 전모와 연대를 밝히기 위한 연구를 진행해왔다. 화산 연구학자들이 우리나라 동해와 일본 홋카이도에 당시의 화산재가 해저와 육지에 퇴적되었다는 사실을 확인하기도 했다.

백두산 화산 폭발은 동북아시아 문명에 큰 영향을 미쳤을 것이다. 우리나라에서는 발해의 갑작스런 멸망을 백두산 화산 폭발과 관련하여 해석하는 사람도 적지 않다. 문헌을 중시하는 역사학자들은 백두산 화산 폭발 시점이 발해 멸망 전인지 후인지 정확하지 않으므로 백두산 화산 폭발을 발해 멸망의 원인으로 확언하기는 어렵다는 입장이다. 그러나 일본에서 백두산 화산재를 분석한 결과 발해가 멸망하기 전인 915년에 퇴적된 것으로 추정된다는 연구 결과가 나와 백두산 화산 폭발과 발해 멸망의 연관성에 무게를 실었다.

일본 NHK는 1980년대 말 '환상의 나라 발해'라는 제목으로 백두산 분화에 의한 발해의 흥망을 추리하는 다큐멘터리를 제작 방송해 큰 관심을 끌었다. 일본 고대문서 《부상약기扶桑略記》를 근거로 915년 8월 18일 백두산이 폭발한 것으로 추정된다고 주장하는 학자도 있다. 발해는 당시 5경 15부 62주를 두었는데 수도 상경용천부만이 백두산 천지에서 멀리 떨어져 있어 화산 분화의 영향에서 벗어날 수 있었고 나머지 동경과 중경, 남경과 서경은 화산재의 직접적인 영향권에 있어 화산 폭발로 국가 기능이 마비되었다는 것이다. 거란의 침략에 의해 발해가 멸망했다는 것이 학계의 정설이나 거란 침략 이전에 백두산 화산 폭발로 인해 이미 발해의 국력이 쇠진했을 가능성도 충분하다. 《고려사》를 보면 925년 가을부터 겨울에 걸쳐 발해 유민이 대거 고려로 망명했다는 기록이 있다. 발해의 멸망을 앞두고 고려로 유입한 유민 가운데에는 지배층도 있었으며, 이들은 개별 혹은 집단으로 이동했다. 유민의 수는 헤아릴 수 없이 많았다. 그리하여 거란은 발해와 제대로 전쟁을 치르지 않고도 손쉽게 발해를 점령할 수 있었던 것이다.

《고려사》에 따르면 946년 하늘에서 큰 소리가 났다. 이를 '명동鳴動 사건'이라 하는데 우리나라에는 이 사건을 백두산 화산 폭발과 관련지어 해석하는 사람들이 있다. 《고려사》 2권 정종 원년에는 '이해에 하늘의 북이 울려 죄인들에 대한 대사면령大赦免令을 내렸다'고 기록되어 있다. 하늘의 북이 울렸다는 것은 무엇을 의미할까. 일부 학자들은 뇌성이나 화산이 폭발할 때 나는 굉음을 명동이라 표현한 것으로 해석한다. 《고려사》에는 정조 때의 기록이 고작 6행에 불과한데 명동 사건을 기록했다는 것은 당시에 매우 중요한 사건이었음을 방증한다.

 같은 해 일본에도 화산 분화를 시사하는 기록들이 있다. 《흥복사興福寺 연대기》에는 천경 9년 10월 7일(946년 11월 3일) 밤에 하얀 화산재가 눈처럼 내렸다고 쓰여 있다. 화산재의 흰색이 백두산을 상징한다고 주장하는 학자들이 있으나 이런 기록이 백두산 화산 폭발을 의미한다고 단정할 만한 연구 결과는 아직 없다.

왕경의 추락과 신라 멸망

역사는 어느 누구도 흥망성쇠의 길을 피할 수 없다는 사실을 잘 보여준다. 어떤 왕조, 어떤 나라도 그 길을 피해갈 수는 없다. 한 왕조로 천 년을 지속한 신라도 예외는 아니었다. 신라는 천재지변에 의해 멸망한 것도, 외세의 침입에 의해 멸망한 것도 아니었다. 천 년을 이어온 신라는 스스로 피로를 이기지 못하고 역사의 무대 뒤편으로 서서히 사라졌다. 신라 멸망은 왕정의 붕괴와 고려라는 새로운 왕정의 등장으로 이어졌다.

삼국 가운데서도 가장 약한 신라가 삼한을 통합한 이후 서라벌 사람들은 숱한 전쟁과 혼란 끝에 찾아온 평안을 만끽했을 것이다. 그들은 오랫동안 평화가 이어지기를 기원했고 적어도 100여 년 동안은 큰 혼란과 갈등이 없는 시간을 보낼 수 있었다. 하지만 기나긴 평화로움은 또 다른 문제를 잉태했다.

삼한 통합 이후 왕정의 목표가 사라진 탓일까. 왕과 지배 세력 그리고 백성까지 모두가 공유하던 목표가 사라지면서 신라 왕실과 지배 세력의 권위는 크게 흔들렸고 백성은 권위가 사라진 왕실에 더 이상 기대할 것이 없었다. 서라벌은 신라 말기 왕권의 추락과 함께 빠른 속도로 쇠퇴의 길을 걸었다. 왕권의 추락이 신라 쇠퇴의 요인은 아니지만 적어도 서라벌 쇠락의 길을 재촉하는 촉매제 역할을 한 것은 분명하다. 인간과 국가의 운명은 비슷하다. 운이 닿을 때는 하늘 아래 무서운 것이 없을 정도로 모든 것이 수월하지만 평생 운이 함께할 수는 없다. 국운이 상승했을 때 신라는 백제와 고구려를 제압하고 당나라 군대까지 몰아냈다. 경제적으로나 군사적으로 그리고 문화적으로 위세를 갖춘 국가의 모습을 대외에 과시했다. 그러나 삼한 일통을 달성한 지 100여 년 뒤 신라는 쇠락하기 시작했고 그 속도는 갈수록 빨라졌다.

  삼국 가운데 가장 약했던 신라가 삼한을 통합하여 통일을 이룩할 수 있었던 것은 탄탄한 왕실의 권위를 바탕으로 한 지배 세력의 단결된 힘 때문이었다. 신라 말 정치사회 몰락의 징후 가운데 가장 먼저 나타난 현상은 왕권의 추락이다. 통일을 이룩한 구심점이 흔들리자 신라는 급속히 쇠락하기 시작했다. 왕권은 진성여왕과 효공왕을 거치면서 급격히 약해졌다. 왕위 계승자였던 김주원을 몰아내고 제38대 원성왕이 즉위함과 동시에 왕위 계승전이 시작되었고 이후 제45대 신무왕까지 왕위 계승을 둘러싼 암투가 이어졌다. 왕권의 쇠약은 곧 백성을 결속하고 통제할 힘의 상실을 의미했다. 조세마저 거두기 어려워지자 서라벌 왕실은 군대마저 유지할 수 없는 상황에 몰렸다. 정부군은 갈수록 약해지고 지방은 왕정의 통제를 벗어나 군웅할거시대를 맞이했다. 박씨계가 왕위에 오르기 전인 헌강왕 때에 이미 왕경의 많은 세력은 나라가 망할 것을 알고 지방으로 도망치기 시작했다. 진성왕대에 이르러서는 지방의 군웅들이 크게 성장해 중앙정부로서는 통제할 수 없는 상황이었고 천 년 왕궁의 도읍이었던 왕경은 정치적·경제적·군사적 중심지로서의 기능을 상실했다.

박씨계로 왕위에 오른 신덕왕에게 가장 시급한 일은 실추된 왕권을 회복하고 왕실의 권위를 되찾는 것이었다. 이후 잇따라 즉위한 박씨계 왕들은 경문왕가와 구별되는 새로운 왕실을 내세우고자 했다. 그러나 당시 왕경인들은 박씨계 왕실을 신뢰하지 않았다. 새로운 왕실의 등장은 기존 왕실 귀족 세력의 이탈을 가져왔다.

서라벌 왕경의 많은 귀족들은 저마다 자신의 연고지인 지방으로 내려갔다. 그에 따라 박씨계 왕실은 왕경 내 하나의 정치 집단으로 위축되었다. 특히 박씨계 왕들은 신라 귀족과 왕경인을 조직적으로 결속할 능력을 전혀 보이지 못했다. 17만 호에 달하는 왕경인이 결속하여 대응했다면 신라의 멸망은 쉽게 찾아오지 않았을지도 모른다. 불교 지도자들도 왕실을 외면하고 하나둘 서라벌을 떠났다. 불교 국가에서 불교 지도자가 왕실을 외면한 것은 왕실에 더욱 큰 타격을 주었다. 이들은 지방의 큰 사찰 주위에 머물며 지방 호족 세력을 비호하는 데 앞장서기도 했다. 신라는 이미 돌이킬 수 없는 길을 가고 있었다.

역사학자들, 특히 고대사학을 연구하는 학자들은 신라 멸망의 원인을 어떻게 해석할까. 역사학자들이 지금까지 제시한 원인은 30여 가지로 나눌 수 있는데 이를 크게 5가지로 정리해보았다.

첫째는 지배 귀족계급의 무분별한 사치 생활과 착취이다. 특히 진성여왕 때부터는 금입택이 서라벌 곳곳에 등장하는 등 귀족들의 사치가 극심해지면서 농민들에게 무거운 세금을 부과했다. 지배계급의 사치와 착취는 국가 통치가 원활하고 농업 생산에 차질이 없을 때는 문제가 되지 않았지만 양극화 현상이 심화되는 데다 자연재해까지 잇따라 흉작이 거듭되는 상황에서는 농민들의 원성을 살 수밖에 없었다.

둘째는 중앙 귀족의 부패이다. 신라는 통일한 지 100여 년이 지난 뒤부터 나라의 기강이 무너지면서 사회 곳곳에서 부정부패가 만연하는 양상을 보였다. 왕권이 위축되면서 중앙 귀족은 자신들의 부와 힘을 축적하는 데에만 집중하여 농민들이 농토를 버리고 유랑과 반란의 길을 떠나도록 했다.

셋째는 지방 통제의 불능이다. 신라의 반봉건적·반중앙집권적 정치 형태의 영향으로 중앙 권력이 강할 때는 지방 통제가 가능했지만 중앙 권력이 약해지면서 지방 호족은 정부에 납부해야 할 공부貢賦(넓은 의미로 나라에 바치던 물건과 세금)를 내지 않고 자신들의 세력을 키워나갔다. 진성여왕 이후 전국적으로 퍼진 농민들의 조세 거부 운동은 농민반란으로 확대되어 왕권을 위협하기에 충분했다.

넷째는 왕위 쟁탈전으로 인한 왕권의 약화이다. 신라 하대에 연이어 나타난 왕위 쟁탈전은 왕실과 왕은 물론 서라벌의 위상에도 치명적으로 작용해 신라 왕조의 패망을 앞당겼다. 신라 하대에 이르러서는 150년 동안 왕 20명이 즉위하는 등 극도로 취약한 모습을 보였다.

다섯째는 귀족의 대토지 사유에 따른 공전公田의 사전화私田化이다. 귀족과 관리들에게 녹읍祿邑(벼슬아치가 직무의 대가로 조세를 받을 권리를 갖는 것)으로 주기로 결정함에 따라 귀족들은 녹읍을 통해 경제적인 이득을 더 많이 얻고 지방에서 세력을 키워나갈 수 있었다. 이러한 공전의 사전화는 신라 하대 왕권의 약화 속에 더욱 확대되면서 지방 호족 세력의 등장을 지원하는 역할을 했다.

　이외에도 왕도가 한반도의 한쪽에 치우쳐 있기 때문이라는 왕도 편재설, 고구려 백제 유민들의 불만설 그리고 당나라 제도의 영향을 받은 유학생과 유학승들의 골품제도 비판 등 실로 다양한 원인이 제시되고 있다.

　신라의 멸망 원인을 신라의 내부적 요인이 아니라 당시 동북아시아의 국제 관계에서 원인을 찾는 재미있는 분석도 있다. 9~10세기 국제정치학적인 분석이라는 면에서 접근한 방식인데, 장기적으로 볼 때 동북아시아 지역에 국제 평화가 너무 오래 지속되어 긴장이 풀리면서 비판 의식이 결여된 것이 주요 원인이라는 이색적인 주장이다.

　동북아시아 국제 관계의 변화를 주목하는 학자들도 있다. 앞에서 언급한 것처럼 당나라의 쇠망은 당으로부터 일정한 비호와 보증을 받고 있던 신라 조정의 위상을 크게 동요시켰을 것이 틀림없다는 주장이다. 국제적인 연대성으로 보면 당시 동북아시아의 붕괴와 신라 멸망은 무관하지 않다. 신라 멸망이 당이나 발해의 멸망 그리고 일왕 친정의 붕괴 시기와 일치하기 때문이다. 천 년 왕조가 주변 왕조의 멸망과 비슷한 시기에 몰락했다는 사실은 국제정치학적인 시각에서 우연의 일치로만 볼 수는 없다는 의견이다.

21세기 서라벌, 경주의 미래

경주, 문화의 길을 묻다

현재 세계는 눈에 보이지 않는 문화 전쟁을 벌이고 있다. 많은 나라가 앞다퉈 유네스코 세계유산 등재 경쟁을 벌이고 외국 관광객 유치에 박차를 가하고 있다. 경제 대국에 앞서 문화 대국을 표방하는 나라들이 줄을 잇고 있다. 특히 중국은 세계유산 등재를 위해 국가적으로 총력을 기울이고 있는데 중국의 동북 3성에 남아 있는 고구려 유적의 세계유산 등재를 둘러싸고 우리나라와 미묘한 갈등을 빚기도 했다.

우리 유산 역시 어디에 내놓아도 손색이 없다. 삼국시대 유적과 유물의 가치는 우리만이 가진 독특한 양식이다. 특히 신라 유물은 가장 오랫동안 지속된 왕조의 산물인 만큼 세계적으로 가치가 있다. 해방 이후 경주는 통일신라에 대한 엇갈린 평가와 함께 정치적 이해관계까지 덧입고 있다. 감정의 개입과 논란 속에 우리는 경주를 바로 보지 못했을뿐 아니라 제대로 보려는 노력조차 기울이지 않았다.

도시의 무력화는 인구 감소에서 그대로 나타난다. 경주시는 지난 2000년 29만 명에 달하던 인구가 2005년에 27만 5천 명으로 감소했다가 2011년에는 26만 6천 명으로 줄었다. 도시 면적은 행정구역을 개편하여 서울의 2.2배인 1324제곱킬로미터지만 재정 자립도는 30퍼센트에도 미치지 못한다. 인접한 울산과 포항의 성장을 보면 경주의 위상은 더욱 초라해진다. 울

산시는 지난 1960년 20만 명에 불과하던 인구가 2011년에는 112만 명으로 급증했고 포항시도 21만 명에서 50여만 명으로 두 배 증가했다. 이 두 도시가 우리나라 국가 경제에서 차지하는 비중 또한 높다. 이러한 주변 도시의 급성장은 상대적으로 낙후된 경주가 위기감을 느끼게 만들었다.

경주는 상주인구 감소도 문제지만 국내외 관광객 수가 줄어드는 것이 더 큰 문제다. 양동마을이 세계유산에 등재되고 경부고속철도가 완공되면서 경주를 찾은 관광객은 2010년 처음으로 900만 명을 넘겼다. 하지만 2000년 808만 명에 달하던 관광객이 2005년에는 748만 명으로 크게 감소하는 등 2000년 이후 지속적으로 감소하는 추세를 보이고 있다. 특히 외국 관광객은 1995년 57만 3천 명에서 2005년 52만 6천 명으로 줄어드는 등 50만 명대를 넘지 못하고 있어 경주의 세계유산 등재를 무색하게 만든다. 관광업계 종사자들은 외국 관광객의 양적인 감소만큼 주목해야 할 부분이 여행 유형의 변화라고 말한다. 과거 경주를 방문하는 외국 관광객은 대부분 경주에서 숙박했으나 요즘은 서울이나 부산 등 대도시에 체류하면서 경주는 당일 관광에 그친다. 경주 관광산업이 위축된 것은 당연한 일이다.

같은 문제에 대해 경주시는 1962년 문화재보호법 제정 이후 경주가 정비나 개발이 제대로 이루어지지 않은 채 보존만 고집하게 되어 도심의 슬럼화·공동화에 속도가 붙었기 때문이라고 말한다. 문화 유적의 효율적인 정비·보존과 역사 문화 자원 보호를 위한 경주고도유적정비사업을 보면 지난 2002년부터 2011년까지 10년간 국비 4060억 원과 지방비 1740억 원을 투입할 예정이었으나 국비 지원이 부족하여 지난 2009년까지 8년간의 추

안동 하회마을과 함께 세계유산에 등재된 양동마을.
신라 문화유적이 대부분인 경주에서 보기 드문 조선시대의 전통 마을이다.

진 실적이 애초 계획했던 바의 30퍼센트에 불과했다. 재산권 행사가 엄격히 제한된 가운데 사유지나 건물의 매입이 늦어져 주민들의 불만만 늘어나고 있는 실정이다. 경주에 시행한 무계획적인 개발과 무분별한 도시계획은 경주의 정체성을 크게 흔들었다.

경주 황성동 일대는 고분군과 통일신라시대의 철제 유구가 발굴되어 우리나라 철기 역사를 가늠할 수 있는 뜻깊은 곳이다. 천마총과 쪽샘지구 등 유물이 밀집한 노동동의 구시가지를 피해 체계와 고증 없이 신시가지를 개발하는 바람에 황성동의 많은 문화재가 파괴되었다. 개발 당시 발굴된 유물들을 제대로 조사하지 않아 사회적 물의를 일으켰지만 개발 논리 속에 곧 잊혔다. 이후 황성동 고분군 인근에는 술집과 아파트, 상가 등이 어지럽게 들어서 통일신라시대의 굴식돌방무덤과 철제 유구가 있던 곳인지 의심스럽게 변했다.

경주는 일제강점기와 근대화를 거치면서 유적과 상관없이 도로와 철도를 건설하다 보니 상당수 문화 유적지가 파괴되었다. 고고학자들은 경주의 무분별한 도로 건설의 폐해가 가장 잘 나타난 곳으로 무열왕릉을 지적한다. 국도 4호선과 동해남부선 철도가 무열왕릉 고분군을 지나가기 때문이다. 무열왕 후손은 삼국통일의 일등 공신으로 무열왕과 그의 둘째 아들 김인문, 9세손 김양의 무덤을 한 울타리 안에 조성하였는데 도로가 생기면서 선도산 쪽 무열왕릉과 무열왕릉비(귀부)와, 도로 건너편 형산강 쪽 김인문의 귀부와 김양의 무덤으로 나뉘었다. 여기에 동해남부선 철도는 무열왕릉 중심의 서악동 고분군과 토우총이 발견된 장산 고분군을 또다시 갈라놓

안압지와 황룡사터 사이를 가르는 동해남부선 철도.

고 말았다.

경주에서 활동하는 문화재해설사들은 무열왕릉 일대를 안내할 때마다 관광객으로부터 늘 듣는 말이 있다고 한다. 도로가 유적을 갈라놓는 동안 정부는 무엇을 했느냐는 질타에 가까운 질문이다. 1999년 경주역사유적지구의 세계유산 등재를 앞두고 유네스코 실사단은 안압지와 황룡사터 사이를 가로지르는 동해남부선 철도에 관해 공식적으로 문제를 제기했다. 경주역사유적지구를 세계유산으로 등재하기 위해서는 철도를 제거해야 한다는 것이었다. 우리나라 실무단은 실사단의 부정적인 평가 속에 마지막 순간 철도 때문에 경주역사유적지구를 세계유산으로 등재하는 일이 실패하는 것은 아닌지 노심초사하며 마지막까지 보완 자료를 만들었다. 우여곡절 끝에 동해남부선 철도를 이설한다는 계획을 내놓고 경주역사유적지구는 세계유산으로 등재될 수 있었다. 문제의 동해남부선 철도는 곧 옮겨질 예정이어서 유네스코 실사단이 제기했던 문제가 해결될 전망이다.

문화재 보존의 부끄러운 수준을 보여주는 예는 많다. 가장 최근 일은 문무왕릉비 조각이 경주의 한 주택가에서 빨래판으로 사용되다 우연히 발견된 일이다. 2009년 9월 경주시 동부동의 한 주택 수돗가에서 비석 윗부분을 빨래판으로 사용하던 것을 수도검침원이 발견하고 제보하여 조사한 결과 실제 문무왕릉비의 일부로 확인했다고 국립경주박물관이 밝혔다. 조선시대에 발견되었다 사라진 문무왕릉비 조각이 200여 년 만에 다시 발견된 것이다. 682년(신문왕 2) 경주 사천왕사에 세워진 문무왕릉비는 1796년(정조 20)에 발견된 것으로 기록되어 있으나 탁본만 전할 뿐 비석의 행방은 알 수 없었다. 이후 1961년 경주시 동부동에서 비석 아랫부분이 발견되어 국립경주박물관이 소장하고 있는데 당시에 찾지 못한 비석 윗부분을 뒤늦게 발견한 것이다. 자랑스러운 조상에 부끄러운 후손이라는 말을 들어도 할 말이 없다.

문화유산을 둘러싸고 소유권 분쟁이 격화되어 국가 간 무력 충돌로 이어지는 사례는 차라리 신선하다. 2011년 2월 AP통신은 유네스코 세계유산인 힌두교사원 프레아 비히어Temple of Preah Vihear의 소유권을 둘러싸고 캄보디아와 태국이 교전을 벌이는 바람에 사원 일부가 붕괴되는 사건이 발생했다고 전 세계에 타전했다. 양국의 교전으로 사원에서 20킬로미터 떨어진 마을 주민 700가구 2천여 명이 피신했으나 최소 6명이 사망한 것으로 알려졌다. 캄보디아 훈센 총리는 국제연합안전보장이사회에 긴급회의를 소집하고 유엔평화유지군 파견을 요청했다. 캄보디아와 태국의 접경 지역에 위치한 힌두교사원 프레아 비히어는 건립한 지 900년이 넘는 유적으로 20세기 초부터 소유권 분쟁이 계속되어 왔으나 2008년 세계유산 등재 이후 관광객이 몰리면서 두 나라의 갈등과 무력 충돌이 더욱 격화되고 있다.

세계유산이 나라의 소중한 문화적 자산이라는 사실을 깊이 인식하면서 문화재에 대한 접근, 특히 세계유산에 대한 각 나라들의 정책이 크게 달라지고 있음을 알 수 있는 사례다.

천 년 수도 교토와 시안 그리고 로마

지구 상에 천 년이라는 세월 동안 한 나라의 수도였던 도시는 얼마나 될까. 우리나라 경주 외에도 이탈리아 로마, 중국 시안 그리고 일본 교토는 모두 천 년 수도의 명성을 자랑하는 곳이다. 유서 깊은 역사문화도시로 21세기에도 세계적인 관심을 불러 모으는 중심 도시이며 매년 외국 관광객의 발길이 끊이지 않는 곳으로도 유명하다. 이들 도시와 비교해보면 우리의 경주가 더욱 잘 보일 것이다.

문화와 경제가 공존하는 교토

가장 일본적인 것이 남아 있는 곳으로 잘 알려진 교토는 천년 고도이자 자타가 인정하는 세계적인 관광지이다. 교토부府의 부청 소재지로 인구 147만 명의 비교적 큰 도시다. 교토를 찾는 관광객은 1년에 5천만 명에 달한다. 교토를 둘러본 우리나라 사람이라면 누구나 교토보다 경주에 값진 문화유산이 더 풍부하다고 생각할 것이다. 유적의 양적·질적인 측면에서 경주가 위이지만 역사도시로서의 향취와 경관에서는 교토가 앞선다. 그것은 역사와 문화를 지킨 교토시와 일본 정부의 노력 덕분일 것이다.

일본 사람들은 교토를 '마음의 고향'이라고 부른다. 교토는 794년부터 1868년까지 약 1100년 동안 일본의 심장부 역할을 해왔다. 교토라는 이름에서 알 수 있듯이 지명에 수도라는 뜻이 담겨 있다. 교토는 6, 7세기부터 한반도와 중국 대륙에서 온 사람들이 정착한 곳으로 알려져 있다. 794년 간무桓武왕은 나라에서 교토로 수도를 옮겨 헤이안교라 하였다. 이후 1869년 메이지정부가 도쿄로 천도할 때까지 교토는 천 년 이상 일본의 수도였다. 수도를 도쿄로 옮긴 뒤에도 새 왕의 정식 즉위식은 계속 교토에서 거행하여 천 년 수도, 문화도시로서의 예우를 받고 있다.

교토는 모두 17개의 건축물이 세계유산으로 등재되었다. 사찰이 12곳, 신사神社가 3곳 그리고 1603년 도쿠가와 이에야스德川家康의 교토 숙소였던 니조성二條城 등이다. 경주의 경우 불국사와 석굴암 등의 건축물과 함께 서라벌 왕경 대부분이 경주역사유적지구로 세계유산에 등재되었고 최근에는 양동마을 전체가 세계유산에 등재되었으니 교토와는 많이 다르다.

교토는 문화뿐만 아니라 경제의 중심지이기도 하다. 닌텐도Nintendo와 일본전산日本電産, 종합전자부품 브랜드로 세계시장을 석권한 교세라Kyocera, 세계 휴대전화업계를 좌지우지하는 무라타村田제작소가 교토에 자리하고 있다. 몇 해 전 평사원이 노벨 화학상을 수상한 시마즈島津제작소도 교토에 있다. 이 기업들은 세계적인 강소기업强小企業(잘 알려지지 않은 우량 기업)으로 불리는 회사들이다.

1990년 거품경제로 부동산 투자가 늘어나면서 교토에는 전통 가옥을 허물고 아파트를 짓는 개발이 잇따랐다. 주변과 어울리지 않는 고층 건물이 들어서면서 경관이 훼손되기 시작하자 교토부청은 교토다운 경관을 되찾기 위해 대대적인 조례 정비에 나섰다. 1995년 시가지경관정비조례를 제정했고 1996년에는 경관 규제 지역을 확대해 옥외광고물 규제를 강화했으며 2007년 9월부터는 더욱 강력한 경관 조례를 시행하고 있다.

규제는 강하고 치밀하다. 상업 중심지인 도심부의 건축물은 일정 높이를 허가하고 역사적 시가지의 건축물은 10~12미터, 산기슭 주택지의 건축물은 15~25미터, 공업 지역의 건축물은 31미터로 제한한다. 교토부 시가 지역의 30퍼센트 정도가 이처럼 강화된 제한을 받는다. 건물의 디자인도 규제를 받는다. 공통 기준과 지구별 기준으로 나뉘어 있으며 지붕과 외벽의 소재와 색채를 규제한 기준에 따라야 한다. 간판은 큰 음식점이라도 1미터를 넘지 못한다.

조망권은 규제가 더 심하다. 역사성이 있는 장소에서 조망에 방해되는 것은 모두 규제 대상이다. 교토시는 2007년 전국에서 처음으로 '조망경관창생조례眺望京觀蒼生條例'라는 것을 제정했다. 조례 제정에 앞서 조망지 597곳을 선정한 뒤 이 가운데 38곳을 뽑아 조망경관보전지역으로 지정했다. 지정된 지역은 세계유산 17곳과 가로수 변, 산세 경관 등이다.

교토시 경관 정책은 건물과 집은 사유재산이지만 경관은 공공의 재산이라는 의식을 바탕에 깔고 있다. 교토시는 기존 건물 유지·관리와 재건축 지원도 함께 벌이고 있는데 재건축 어드바이저 파견제, 재건축 융자제, 보조금 지원과 같은 노력으로 2만 8천여 채에 달하는 전통 가옥을 보존하고 있다. 교토 전체가 하나의 거대한 문화재라는 느낌을 주는 것은 결코 우연이 아니다.

교토 사람들은 철저하게 재산권 행사에 불이익을 당하고 있다. 집을 짓거나 고칠 때에는 일일이 행정 당국의 허가를 받아야 한다. 교토 사람들이 이런 불편함을 묵묵히 견디는 것은 1년에 5천만 명에 가까운 관광객이 찾아오는데, 이것이 바로 행정 당국의 규제와 통제 덕이라는 사실을 잘 알고 있기 때문이다.

일본이 문화재를 대하는 자세는 1300년 전 번창하다 사라진 고대왕궁을 연구하고 복원하는 과정에도 잘 드러난다. 지금도 교토와 인접한 나라奈良의 8세기 고대 궁궐인 헤이조 궁 유적지에 가보면 50년이 넘도록 궁궐을 발굴·복원하는 현장을 볼 수 있다. 헤이조 궁은 710년에서 784년까지 번창한, 면적이 120만 제곱미터에 달하는 웅장한 궁궐이었다. 현재는 오랜 복원 작업 끝에 본전인 대극전大極殿과 주작문 등 일부만 복원되어 넓은 궁터에 잡초만 무성히 자라고 있는 황량한 유적지다.

나라국립문화재연구소가 지난 1955년부터 헤이조 궁을 발굴조사하고 있는데 대극전과 동원, 각종 건물터와 목기, 목간, 기와 등이 발견되었다. 발굴 시작 30여 년째인 1980년대에는 헤이조 궁을 위시한 헤이조쿄平城京 도읍 전체 유적지의 항공사진과 유적지 실측 지도화 작업을 완료해 지도 하나로 전체 발굴 현황과 윤곽을 파악할 수 있었다. 현재 복원된 헤이조 궁 남쪽 정문인 주작문을 비롯한 관청터와 동원터 등은 1950~1960년대에 이미 전체적인 발굴조사를 마무리했으나 20년간 분석과 실험, 고증과 복원 등의 기간을 다시 거쳤다고 하니 그 꼼꼼함이 놀라울 뿐이다.

더욱 놀라운 사실은 헤이조 궁 발굴의 시작이 19세기 중반까지 거슬러 올라간다는 사실이다. 1852년에 이미 고고학자 키타우라 사다마사에 의해 헤이조 궁 유적 복원 연구가 시작되었고 메이지시대에는 건축학자 세키노 타다시^{關野貞}와 키다 사다키치^{喜田貞吉} 등이 논쟁을 통해 궁터의 범위와 성격 등에 대한 기본 틀을 잡았다. 이러한 노력을 바탕으로 1951년에 설립된 나라국립문화재연구소는 50년에서 100년에 달하는 장기 발굴 계획을 세울 수 있었다. 그 결과 헤이조 궁터는 세계유산으로 등재돼 수많은 국내외 관광객이 찾고 있다.

현재 나라국립문화재연구소는 헤이조 궁 복원 사업을 정부의 재정적 지원과 지역 주민의 자발적인 문화재 보호 의식 속에 순조롭게 진행하고 있는데 복원 예상 기간인 100년보다 시간이 더 걸릴 수도 있다고 말한다.

일본 헤이조 궁 유적은 문화재 사업에서 보존과 연구의 기본 원칙에 충실하면 어떤 결과를 얻을 수 있는지를 잘 보여준다. 신중에 신중을 기하는 문화재 발굴·복원 작업의 좋은 사례로 고고학계에서는 일본의 헤이조 궁 복원을 자주 인용한다. 앞으로 경주 월성 유적의 발굴과 복원을 진행하면서 우리가 반드시 본받아야 할 사례이다.

세계 문명의 통로 실크로드의 시안

시안은 중국 산시성^{陝西省} 성도로 중국의 대표적인 관광도시 가운데 하나다. 인구는 427만 명, 과거 동양과 서양의 문화 교류에 중요한 역할을 했던 실크로드의 출발점이자 종착지이기도 하다. 시안은 터키 이스탄불과 이탈리아 로마, 그리스 아테네와 더불어 세계 4대 문명도시로 불리는 곳으로 북쪽으로는 황허^{黃河} 강, 남쪽으로는 양쯔^{揚子} 강이 흐른다. 3천 년의 도시

역사 가운데 절반 이상을 제국의 수도로 기능했던 전무후무한 기록을 가지고 있어 세계 고대 도시 연구에서 중요한 도시이다.

특히 전한前漢시대 최초로 개척된 실크로드의 발달은 시안을 세계적인 도시로 부각시켰다. 중국은 실크로드를 따라 비단을 수출했고 실크로드를 통해 불교를 받아들였다. 세계의 모든 사상과 문화는 시안으로 모였고 시안에서 다른 나라로 퍼져나갔다.

영원할 것 같던 시안의 영광은 당나라의 멸망과 함께 급속히 사라졌다. 당나라 이후 중국을 지배했던 한족은 실크로드의 중심축을 바다로 이동했다. 천 년 전 인구가 이미 100만 명을 넘었으며 우리에게는 시안보다는 장안이라는 이름으로 더 익숙한 곳이다. 시안은 서주西周 때부터 진, 서한西漢, 북진北晋, 수隋, 당 등 13개 왕조의 수도로 잘 알려져 있다. 기원전 202년 전한의 수도가 되어 장안이라 하였으며 오랜 열국시대가 끝나고 581년 수나라의 수도, 618년에는 당나라의 수도가 되어 300년 동안 국제도시로 융성하였다.

중국 6대 중심 도시인 시안은 진시황릉 병마용갱과 아방궁阿房宮으로 유명한 역사와 문화의 도시인데 이 가운데 병마용갱과 진시황릉은 세계유산으로 등재되었다. 병마용갱은 1974년 우물을 파던 농부가 우연히 지하 동굴을 발견해 알려졌다. 세계 8대 불가사의 가운데 하나인 병마용갱은 진시황릉 동쪽으로 1.5킬로미터 떨어져 있다. 병마용은 진시황릉과 함께 건설한 지하 궁전의 일부로 지하 궁전을 호위하는 병사들을 흙을 구워 만든 것인데 당시의 시대상을 읽을 수 있는 귀중한 유물이다. 1974년 1호 갱 발굴 이후 현재 3호 갱까지 발견되었고 갱마다 만들어놓은 박물관에는 병마용 총 6천여 개와 전차 100개, 기마상 400개가 전시되고 있으며 전 세계 순회 전시를 통해 외국 관광객을 불러 모으고 있다.

진시황릉은 중국 최초의 황제 진시황의 무덤이다. 높이가 79미터, 동서 475미터, 남북 384미터로 이집트 쿠푸왕의 피라미드와 함께 세계에서 큰 무덤 가운데 하나로 불린다. 무덤에는 보석이 가득하고 침입자들에 대비해 교묘한 방어 시설을 해놓았다. 무덤을 완성하는 데는 70만 명의 인력을 투입해 38년이 걸렸으며 완공 뒤에는 비밀 유지를 위해 직공들을 생매장했다고 전한다.

2003년 11월 중국 고고학회는 흥미로운 사실을 공개했다. 로봇을 이용해 무덤 내부를 영상 촬영한 결과 사마천의 《사기史記》에 묘사된 것처럼 황릉 내부 지하 궁전에 하천과 호수가 있었고 고래기름으로 불을 밝혔을 것으로 추정되는 등잔도 있었다.

시안 서쪽 아방촌에 위치한 아방궁은 《사기》에 따르면 초나라 항우에 의해 불탔으며 3개월 동안 불이 꺼지지 않을 만큼 화려함과 위용을 갖춘 궁궐이었다. 1961년 중국 국무원은 불에 타버리고 없는 아방궁 유적을 '전국 중점 문물보호단위'로 지정했다. 현재 유적지 부근에는 아방궁을 3분의 1 규모로 축소하여 재현한 테마파크를 만들어 관광 명소와 촬영장으로 활용하고 있다.

시안은 천 년 수도지만 철, 화학비료, 콘크리트 등 내륙 공업의 중심지이자 43개 대학과 연구소를 갖춘 교육도시이기도 하다. 문화유산도시이기에 앞서 현대 도시로서의 기능도 훌륭하게 수행하고 있는 셈이다. 중국의 중심이 수도 베이징을 위시하여 상하이上海와 선전深圳 등 동쪽 해안 쪽으로 집중되는 경향 속에서도 시안은 일본 교토에 못지않은 천 년 수도로서의 위상을 이어가고 있다.

2000년대에 들어 중국이 세계유산 등재에 각별한 노력을 기울이고 있는 가운데 등재된 세계유산의 수도 급속히 늘어나고 있다. 2009년 기준으로 유네스코에 등재된 중국의 세계유산은 모두 37개이다. 이탈리아 44개, 스페인 39개에 이어 세계에서 세 번째로 많은 세계유산을 보유하고 있다.

중국은 유네스코의 '세계 문화와 자연유산 보호를 위한 협약'의 성원국이 된 이후 세계유산 등재 신청과 유산의 보호 관리를 국가적 차원에서 대대적으로 지원하고 있다. 중국 정부는 국가문물국國家文物局에 전담 부서를 두어 각 지방정부의 세계유산 등재를 체계적으로 지원하고 그에 필요한 법률 제정에도 적극적으로 나서고 있다. 중국 정부의 각별한 노력과 아직 세계에 알려지지 않은 중국의 유산들을 생각하면 중국이 세계 최다 세계유산 보유국으로 올라서는 것은 시간문제이다.

영원한 도시, 르네상스의 중심지 로마

세계 최고의 고대 도시로 세계 문명사에서 영원한 도시라 불리는 로마는 기원전 6세기의 로마공화정시대부터 기원전 27년 시작된 로마제국시대에 이르기까지 수도의 지위를 유지했다. 그러나 395년 로마제국이 동서로 나누어지고 서로마제국이 수도를 라벤나Ravenna로 옮기면서 정치적 중심지로서의 위상이 크게 추락했다.

　로마는 공화정에서 제국으로 그리고 동·서로마제국으로 나뉘는 많은 정치적 변화 속에서도 수도의 위상을 지켰다. 동로마제국은 콘스탄티누스 황제가 수도를 비잔티움^{Byzantium}으로 옮겨 새로운 로마$^{Nova\ Roma}$, 콘스탄티노폴리스^{Constantinopolis}라고 불렀다. 콘스탄티노폴리스는 천혜의 난공불락 도시로 330년부터 1453년 동로마제국이 멸망할 때까지 천 년이 넘는 세월 동안 수도였다. 하지만 1204년 제4차 십자군 침공 때 베네치아공화국을 비롯한 서유럽 라틴 사람들에게 함락되었다가 57년이 지난 이후 탈환된 아픈 역사를 간직하고 있다. 비잔티움제국은 오스만제국에 의해 멸망한 1453년까지 스스로를 로마제국이라고 불렀고 콘스탄티노폴리스는 제2의 로마로 불리기도 했다.

　로마는 15세기 르네상스의 중심지로 더 유명하다. 15세기 중엽 교황령의 수도로 다시 번창한 로마는 교황 니콜라오 5세의 치세에서 궁전을 건설하고 교회와 성벽을 대대적으로 개·보수하면서 르네상스 문화의 중심지로 자리 잡았다. 유명한 예술가와 건축가 다수가 로마에서 활동했는데 특히 15세기 말엽에는 미켈란젤로와 라파엘로 같은 거장이 교황을 위해 예술 활동에 전념하며 불후의 명작을 남겼다. 로마는 세계 문화 관광 유적의 중심이자 가톨릭의 중심이다. 또한 여전히 전 세계의 관심과 주목을 받는 역사 도시이자 이탈리아의 수도이다. 유네스코에 등재된 이탈리아 세계유산은 문화유산 42건, 자연유산 2건 등 총 44건(2009년 기준)으로 이탈리아는 세계유산 최대 보유국이다. 로마는 경주보다 20년 먼저인 지난 1980년 경주와 마찬가지로 역사유적지구로 등재되었다가 10년 뒤인 1990년에 대상 범위가 더욱 확장되었다. 이탈리아에서는 로마 외에도 피렌체가 1982년에 피렌체역사유적지구라는 이름으로 세계유산에 등재되었다.

로마 인구는 현재 약 270만 명이다. 1871년 통일이탈리아왕국이 되었을 때는 22만 명에 지나지 않았으나 지난 100년간 경제성장 속에 노동인구가 집중하며 인구가 급격히 증가했다. 로마는 제2차 세계대전 이후 파리, 런던과 더불어 유럽을 대표하는 관광도시로 급격히 성장하여 밀라노를 제치고 이탈리아에서 인구가 가장 많은 도시가 되었다. 전 세계에서 로마를 찾는 관광객이 연간 1200만 명 정도이니 로마는 관광산업으로 먹고산다는 말이 나올 정도다.

로마가 부러운 것은 유적과 유물 외에도 로마를 둘러싼 이야기가 매우 많다는 점이다. 전 세계 수많은 사람들이 고대 도시 로마와 그 역사를 책으로 출간했고 지금도 여전히 관심과 연구의 대상이다. 우리의 경주는 어떠한가. 안타깝게도 경주나 서라벌에 대한 책은 드물고 역사도시 경주를 체계적으로 제대로 소개하는 책은 더욱 찾아보기 힘들다. 서라벌에 대한 어떠한 연구도 많은 사람들의 이목을 끈 적이 없다는 사실 역시 아쉽고 안타깝다. 1960년대 말 경주를 찾은 독일의 한 기자는 신라 천 년의 역사성을 잘 간직한 경주를 보고 감격해 이 사실을 유네스코에 알리는 등 경주 홍보에 앞장섰다. 그러나 1970년대 말 다시 찾은 경주의 모습에 "경주는 망했다"는 말을 남기고 떠났다. 이제 우리는 세계유산 경주에 어울리는 21세기 경주를 실현해야 한다.

세계유산 경주

이탈리아에 로마가 있고 일본에 교토가 있다면 우리에게는 경주가 있다. 경주는 로마나 교토와는 완전히 다른 역사문화도시로서의 멋을 지닌 고도요, 아직 제대로 다듬어지지 않은 보물이 도시 곳곳에 산재한 노천 박물관이다. 사라진 도시 서라벌을 찾아 나서는 작업은 그래서 더욱 흥미롭고 의미 있는 일이다. 경주는 세계의 천 년 수도들과 경쟁하기에 앞서 우리나라에서 넘어야 할 장애물이 너무나 많으며 불필요한 논쟁에 발목이 잡혀 밖으로 나갈 수가 없었다.

경주시가 의욕적으로 추진하고 있는 경주역사문화도시조성사업은 가시적인 성과를 위해 유적 복원 위주의 사업으로 성급하게 진행할 경우 또 다른 유적 훼손으로 이어질 가능성이 많다. 침체된 지역 경제 활성화를 위해 관광시설 정비 차원에서 경주역사문화도시조성사업을 추진한다면 결국 1970년대식 개발 수준을 벗어나지 못할 것이기 때문이다.

경주의 역사 문화유산 보존은 지하에 묻혀 있는 문화재를 도시 개발로부터 어떻게 보호하는가에 달려 있다. 경주의 유물은 고려시대 몽골의 세 차례에 걸친 침입으로 지상 유물이 대부분 파괴되어 발굴에 의해서만 흔적을 찾을 수 있다. 특히 경주는 전 시가지 곳곳에 문화재가 산재해 있어 이같은 대규모 면적을 보존하려면 중앙정부의 정책적 배려가 무엇보다 우선적으로 뒷받침되어야 한다. 이를 위해서는 신라 왕경의 중요성을 인식하고 국민 모두가 경주의 역사성 회복이 문화민족의 자긍심을 되찾는 길이라는 사실을 공감할 수 있도록 정책적 목표를 설정해야 한다.

법적·제도적인 문제점도 많이 지적된다. 경주의 개발을 규제하는 고도 보존법과 문화재 보호법, 국토의 계획 및 이용에 관한 법 등은 전국 어디에나 통용되는 법이다. 경주와 같이 거의 전 시역을 포괄하는 고도에 적용하기에는 부족하고 미흡한 점이 한둘이 아니다. 적어도 국가의 정책적 의지가 담긴 가칭 '경주 역사문화도시 조성 특별법'을 제정해 경주에서는 다른 법률에 최우선하여 적용되는 법률이 필요하다. 이같이 법적으로 뒷받침이 되어야만 사업을 지속적으로 추진할 수 있는 조직과 재원의 확보가 가능하다. '경주 역사문화도시 조성 특별법'은 적어도 정치적 환경의 변화에 영향을 받지 않고 계획을 입법적으로 뒷받침하여 경주 역사문화도시 조성의 기본 계획이 차질 없이 실현될 수 있도록 지원하는 것을 목적으로 해야 소기의 성과를 거둘 수 있다.

2005년에 제정된 고도 보존에 관한 특별법은 주민들의 불만을 해결하는 데 전혀 도움이 되지 않아 법의 수정 보완에 대한 목소리가 높다. 고도 보존에 관한 특별법 제2조에 따르면 '고도'는 과거 우리 민족의 정치·문화 중심지로서 역사상 중요한 지위를 가진 경주, 부여, 공주, 익산, 그 밖에 대통령령이 정하는 지역이다. 경주를 우리나라의 다른 고도와 차별하여 대우할 법적·제도적 근거가 없는 형편이다. 경주 역사문화도시 조성 특별법은 개별 문화재 보호가 아닌 도시 전체를 보존하는 내용은 물론 중앙정부의 재정적 지원 아래 주민들의 일방적인 재산상의 피해를 막을 수 있는 장치도 함께 담아야 한다. 경주의 세계유산 관리를 위해서는 무엇보다 효과적인 재정 지원이 필요한데 현재의 재정 지원은 너무나 빈약하다. 경주시의 재정 형편으로는 서라벌 왕경 복원 사업은 물론 유적지 발굴조사도 엄두를 낼 수 없기 때문이다. 경주를 이대로 둘 수 없다고 주장하는 사람들은 수년 전부터 경주를 가칭 '경주문화특별시'로 지정하는 방안을 제시해왔다. 경주에 대한 새로운 법적·제도적 요구는 유네스코 세계유산 등재로 인해 갈수록 설득력을 얻고 있다.

경주 역사문화도시 조성을 위한 대역사는 시작되었다. 문화유산은 한 번 훼손되면 영원히 본래 모습을 되살릴 수 없는 시간의 창조물이다. 경주 역사문화도시는 선조가 남긴 과거 문화유산을 근간으로 현재 삶의 형태를 투영한 미래지향적인 도시여야 한다. 과거의 모습을 간직하고 그 위에 현재의 모습을 조화시켜 후손에게 물려줄 가치가 있는 도시가 올바른 역사문화도시일 것이다. 경주 문화유산의 보존 문제는 이제 국가적 차원을 넘어섰다. 전문가들은 문화유산의 원형 보존을 원칙으로 해야 하며 고증되지 않은 복원은 문화재를 훼손하는 행위이므로 신중히 복원할 것을 강하게 요구한다. 일부 훼손된 문화재의 정비와 복원은 발굴, 학술 조사 등 정확한 고증을 바탕으로 해야 하며 정확한 고증이 불가능할 때에는 최대한 원래 상태에 가깝게 매몰해두고 지속적으로 연구하여 필요한 조건을 완성하면 정비와 복원을 해야 한다는 것이다. 전문가들은 경주를 단순한 관광지가 아닌 우리 모두가 역사 문화 의식을 고취하고 자긍심을 함양할 수 있는 역사의 현장, 역사의 학습장으로 개발해나갈 것을 제시한다.

　유네스코가 정해놓은 개념으로 볼 때 경주는 거주형 역사 유적 도시이다. 문화재를 지키고 보존하는 것도 중요하지만 그곳에서 생활하는 지역 주민에 대한 배려도 뒷받침되어야 한다. 경주가 진정한 역사도시로 거듭나려면 그동안 문화재 보호라는 이름 아래 받았던 고통으로부터 지역 주민을 해방시켜주어야 한다. 전문가를 중심으로 계획을 수립하는 것도 중요하지만 실제 유적과 밀접한 관련이 있는 지역 주민이 주도적으로 참여할 수 있는 방안도 적극적으로 검토해야 한다.

　경주는 지금까지 세 차례에 걸쳐 유네스코 세계유산으로 등재되었다. 옛 서라벌 왕경과 유물은 대부분 등재된 셈이다. 경주는 어떻게 하면 세계유산을 세계유산에 걸맞게 잘 보존하고 활용하며 관리해나갈 것인가 하는 큰 과제를 안고 있다. 특히 경주역사유적지구 가운데 남산지구와 산성지구를 제외한 유적은 모두 도심이나 경주 시내에 위치한 유적이어서 관리 방안 마련이 더욱 시급하다.

　현재 경주역사유적지구를 위한 종합적인 유적 보존 관리 계획은 없다. 개별 단위 문화재 중심의 정비 계획이 아니라 경주역사유적지구 차원의 거시적 계획이 절실히 필요하다. 유네스코의 세계유산 모니터링 주기에 맞춰 보존 관리 계획을 수립하는 것도 한 방법이다. 단순히 경주 유적의 복원과 정비에 그치는 것이 아니라 경주의 도시계획, 도시경관, 교통 인프라, 관광 활성화 그리고 다음 세대를 위한 교육까지 아우르는 통합적이고 전방위적인 종합 계획을 마련해나가야 한다.

세계유산의 보호와 연구를 위한 전문 인력도 필요하다. 영국과 일본, 독일에서는 대학에 세계유산과를 설립해 운영하고 있고 중국은 최근 베이징대학교 등이 세계유산 교육훈련센터를 설립하는 등 세계 각국은 세계유산을 둘러싸고 치열한 경쟁을 벌이고 있다.

경주의 정체성은 신라 문화이다. 경주역사문화도시조성계획 발표 이후 경주는 유적 복원을 둘러싸고 찬반 논란을 벌이고 있다. 건물과 유적의 복원 못지않게 중요한 것은 건축물을 복원하지 않고도 상상이나 이야기 속에서 신라의 천 년 문화를 다시 부활시키는 방안이다. 이미 고고학계나 역사학계의 뜻있는 학자들은 경주의 문화적 잠재력을 새롭게 발견하는 데 큰 관심을 보이고 있다. 이름 하여 경주 문화와 스토리텔링의 접목으로, 전문가와 학자들의 연구 결과에 따라 경주 역사문화도시 조성의 훌륭한 밑거름이 될 수도 있을 것이다.

또한 전문기관의 자문을 받아 경주만의 특화된 상품과 고품격 관광 상품을 개발해야 한다. 그리고 어떻게 하면 세계유산을 효율적으로 보존·정비하고 품격 있는 관광 자원으로 개발할지 등을 연구할 가칭 '세계유산 경주 위원회'를 구성하는 것도 경주 활성화를 위한 방안 가운데 하나이다. 각계 전문가들로 구성된 위원회를 통해 다양한 의견을 집약하고 개발 문제를 공론화함으로써 좀 더 많은 사람들이 경주에 공감하는 21세기 서라벌로 거듭나게 하려는 의도에서다. 경주를 역사문화도시로 새롭게 조성하는 일을 더 이상 미루어서는 안 된다. 경주는 우리 모두 근원적으로 다시 접근하고 고민해야 할 과제이다.

21세기 서라벌을 꿈꾸다

천 년 수도를 자랑하는 세계의 역사도시들은 저마다 독특한 역사와 문화를 간직하고 있다. 역사와 문화적 가치를 가진 외국의 고대 도시를 곰곰이 살펴보면 왜 우리의 경주만 이처럼 초라한 도시가 되어버렸나 하는 의문이 든다. 1979년 유네스코가 세계 10대 유적 도시로 지정한 경주는 왜 이처럼 방치되었을까. 경주가 다른 고도들보다 모자란 것은 무엇일까.

우리는 세계유산에 등재된 경주의 유물이 제 대우를 받고 있는가 하는 물음에 답해야 한다. 당장 발굴이나 복원을 진행하자는 것이 아니다. 적어도 세계유산, 인류무형유산에 걸맞게 경주를 보존하는 일이 이 시대를 살아가는 우리의 몫이자 의무이다. 월성을 천 년 왕궁답게 복원하는 일, 마구잡이 도시계획 속에 파편처럼 흩어진 신라시대 유적을 원래대로 되돌리는 일, 사라진 도시 서라벌을 찾아내 경주 도심에 왕경을 되살리는 일, 이 모두가 천년 고도를 위해 하루빨리 이루어야 할 기본적인 일이라 생각한다.

문화국가란 세계적으로 자랑할 만한 우수한 문화유산이 풍부하고 문화에 대한 애착이 강한 나라이다. 많은 문화유산을 보유했지만 잘 보존하지 못했다면 그 나라를 문화국가라고 부를 수는 없다. 문화유산은 유산 자체뿐만 아니라 그것을 얼마나 잘 보존하여 후대에 전승했는지도 중요하다. 문화유산을 얼마나 잘 지키고 보존할 것인가 하는 문제는 그 시대를 살아가는 사람들의 몫임에 분명하다.

　문화유산뿐만 아니라 문화를 응용한 문화산업이 발달하고 문화 정책을 국가정책의 우선순위에 두는 문화중심국가의 면모를 갖춘 나라 또한 문화국가이다. 미국의 정치학자 조세프 나이Joseph Nye는 21세기는 군사력이나 경제력과 같은 하드 파워가 아니라 문화와 문화 정책, 국가적 가치관 등 소프트 파워를 가진 문화국가가 강국으로 부각될 것이라고 예측했다. 이처럼 문화유산을 보존하고 활용하는 문제는 세계적으로 중요한 과제이다. 어떻게 하면 문화유산을 잘 보존하고 문화유산을 통해 우리의 삶을 더욱 값지고 의미 있게 할 것인가 하는 고민은 역사학자나 고고학자 혹은 정부 책임자만의 것은 아니다. 이 시대를 살아가는 우리 모두가 고민해야 한다.

　이러한 문화적 고민과 함께 역사에 대한 반추, 과거에 대한 반성은 마땅히 우리 문화유산의 보고인 경주에서 더욱 치열해야 한다. 경주에서 사라진 왕궁을 찾아내고 잊힌 왕성을 기억해내는 일은 세계유산을 지키고 가꾸기 위해 우리 모두가 해야 할 일이다. 우리의 젊은 세대들에게 잊어버린 우리의 뿌리를 상기시키고 미래를 향해 떠나는 우리에게 올바른 방향을 알려주는 나침반 역할을 할 것이기 때문이다.

　사라진 도시 서라벌, 잃어버린 천 년 수도에서 언젠가 발굴해낼 황금 나침반을 문화 강국으로 향하는 배에 올려놓을 그날을 기다린다.

참고 도서 목록

단행본

저자	제목	출판사	연도
신형식	《통일신라사 연구》	삼지원	1990
이구열	《한국 문화재 수난사》	돌베개	1996
한국문화유산답사회	《경주》	돌베개	1997
경주개발동우회	《그래도 우리는 신명바쳐 일했다》	고려서적	1998
이이화	《이이화의 한국사 이야기 4》	한길사	1998
김원룡	《한국의 고분》	세종대왕기념사업회	1999
이근직 외	《새로 읽는 경주문화》	중문	1999
황수영	《불국사와 석굴암》	세종대왕기념사업회	2000
김봉렬 외	《유네스코가 보호하는 우리 문화유산 열두 가지》	시공사	2002
신형식	《신라인의 실크로드》	백산자료원	2002
이종욱	《신라의 역사 2》	김영사	2002
국민대학교 국사학과	《경주문화권》	역사공간	2004
박영규	《한권으로 읽는 신라왕조실록》	웅진지식하우스	2004
이한상	《황금의 나라 신라》	김영사	2004
김희영	《이야기 일본사》	청아출판사	2006
김희영	《이야기 중국사 2》	청아출판사	2006
오정윤	《단숨에 읽는 한국사》	베이직북스	2006
이경덕	《우리 고대로 가는 길 삼국유사》	아이세움	2006
KBS 역사스페셜 제작팀 외	《HD 역사스페셜 3》	효형출판	2006
가도와키 유키에 외 지음, 이흥재 옮김	《문화재정책개론》	논형	2007
이기봉	《고대도시 경주의 탄생》	푸른역사	2007
이덕일	《교양 한국사》	휴머니스트	2007
이서훈	《교토 인 재팬》	두르가	2007
구인모 외 지음, 황종연 엮음	《신라의 발견》	동국대학교출판부	2008
백유선	《한국사 콘서트》	두리미디어	2008
양준호	《교토 기업의 글로벌 경쟁력》	삼성경제연구소	2008
유홍준	《나의 문화유산답사기 1》	창비	2008
유홍준	《나의 문화유산답사기 2》	창비	2008
윤돌	《우리 궁궐 산책》	이비컴	2008
조범종	《이야기 한국사 1》	청아출판사	2008
KBS 역사스페셜 제작팀	《역사스페셜 1》	효형출판	2008
서영교	《신라인 이야기》	살림	2009
이재호	《삼국유사를 걷는 즐거움》	한겨레출판	2009
이종욱	《신라의 역사 1》	김영사	2009
이종욱	《춘추》	효형출판	2009
전덕재	《신라 왕경의 역사》	새문사	2009
박노자	《거꾸로 보는 고대사》	한겨레출판	2010
소원주	《백두산 대폭발의 비밀》	사이언스북스	2010

전기웅	《신라의 멸망과 경문왕가》	혜안	2010
한국인물사연구원 엮음	《신라 천년사》	타오름	2010
권영오	《신라하대 정치사 연구》	혜안	2011
홍순만	《옆으로 본 우리 고대사 이야기》	파워북	2011

연구보고서

	〈황룡사 유적발굴조사보고서〉	국립경주문화재연구소	1982
	〈신라왕경 발굴조사보고서〉	국립경주문화재연구소	2001
오춘영·최은아	〈월성 지표 조사보고서〉	국립경주문화재연구소	2004
	〈월성해자 발굴조사보고서〉	국립경주문화재연구소	2004
차순철	〈해방 이후 현재까지 경주 신라고분 발굴조사〉	국립경주문화재연구소	2006
	〈신라고분 기초학술조사연구 2〉	국립경주문화재연구소	2007
오현덕 외	〈경주 월성 내부의 지하 탐사 중간보고〉	국립경주문화재연구소	2007
장경호	〈경주 월성의 조사연구와 역사적 의의〉	국립경주문화재연구소	2007
	〈신라고분 조사분석 보고서〉	국립경주문화재연구소	2008
정태은	〈경주 월성의 고고학적 조사와 성과〉	국립경주문화재연구소	2008
	〈경주 월성 기초학술조사 보고서 3〉	국립경주문화재연구소	2010
	〈경주 월성 기초학술조사 보고서 4〉	국립경주문화재연구소	2010
	〈경주 월성 기초학술조사 보고서 7〉	국립경주문화재연구소	2010

연구논문

신호철	〈신라의 멸망과 견훤〉	충북사학 제2집	1989
김갑동	〈신라의 멸망과 경주세력의 동향〉	신라문화 제10·11합집	1994
김교년	〈신라왕경의 발굴조사와 성과〉	국립경주문화재연구소	2001
오현덕·신종우	〈경주 월성 지하 유구에 대한 GPR 탐사자료의 고고학적 해석〉	국립문화재연구소	2004
강봉원	〈경주 북천의 수리에 관한 역사 및 고고학적 고찰〉	신라문화 제25집	2005
이근직	〈경주 분지 알천의 원형과 변천과정〉	경주문화논총	2006
신호철	〈신라의 멸망원인〉	한국고대사연구 50호	2008
김흥규	〈신라통일 담론은 식민사학의 발명인가〉	창작과비평 145호	2009
이청규	〈경주고분으로 본 신라천년〉	역사비평 52호	2009
윤선태	〈'통일신라론'을 다시 말한다〉	창작과비평 146호	2009

기타

	〈경주관광종합개발계획〉	청와대관광개발계획단	1971
	〈안압지 발굴조사보고서〉	문화공보부문화재관리국	1978
	〈경주 역사문화도시 조성기본계획 요약보고서〉	문화관광부·경주시	2004
	〈경주 쪽샘지역 생활문화조사연구 사진자료집〉	경주시·영남대학교 민족문화연구소	2005
	〈문화유적분포지도 : 경주시 : 유적개요〉	국립경주박물관·경주시	2008
	〈문화유적분포지도 : 경주시 : 지도편〉	국립경주박물관·경주시	2008
	〈역사도시와 세계유산, 국제학술회의 결과보고서〉	경주시 이코모스한국위원회	2008
	《천년궁성 신라월성》	국립경주문화재연구소	2008

사진 및 유물 출처

본문사진
단위: 쪽

국립경주문화재연구소	18, 19, 40, 52, 60, 61, 64, 68, 79, 81, 95, 96, 129, 158
국립경주박물관	54
국립중앙박물관	117
김성철	26, 29, 30, 35, 49, 70, 82, 106, 123(위), 133, 141, 142, 147, 150, 165, 174, 178, 188, 226
김효형	136, 138, 228
연합포토	24, 32
중앙일보	123(아래)
한국관광공사	90, 91, 176

유물 소장처

국립경주박물관	114, 117 (경박201111-1846)
국립중앙박물관	99, 112 (중박201111-6043)

이 책에 실린 모든 도판의 사용 허가를 받기 위해 최선을 다했습니다. 미처 허가받지 못한 도판은 저작권자를 찾는 대로 추후 조치하겠습니다.

김성용

1955년 부산에서 태어났다. 부산대학교 정치외교학과를 졸업하고 영국 웨일즈 카디프대학교에서 저널리즘 석사학위를 받았다. 1983년 부산문화방송 기자로 입사한 뒤 사회부 기자를 거쳐 보도제작부장, 보도국장 등을 역임하며 주로 도시의 발전모델을 찾는 프로그램과 시사 토론 프로그램을 제작했다. 서울이 아닌 도시에서 생활하는 기자의 눈으로 서라벌의 위상이 바랜 경주를 바라보고 의문해왔으며 서라벌 복원을 통한 경주의 진정한 발전을 모색하고 있다.

경주 속 신라 이야기
사라진 도시 서라벌

초판 1쇄	2011년 11월 20일
초판 2쇄	2012년 4월 20일
지은이	김성용
펴낸이	김효형
펴낸곳	(주)눌와
등록번호	1999. 7. 26. 제10-1795호
주소	서울시 마포구 성산동 617-8 2층
전화	02. 3143. 4633
팩스	02. 3143. 4631
홈페이지	www.nulwa.com
전자우편	nulwa@naver.com
편집	심설아, 김선미
디자인	민혜원, 최혜진
마케팅	최은실
종이	정우페이퍼
출력	한국커뮤니케이션
인쇄	미르인쇄
제본	효성바인텍

ⓒ 김성용, 2011

ISBN 978-89-90620-54-5 03900

책값은 뒤표지에 표시되어 있습니다.

이 책은 재생종이에 콩기름잉크soy ink로 인쇄한 친환경 인쇄물입니다. 또한 표지에 코팅 처리를 하지 않아 재활용할 수 있습니다.